Katharina Grünewald

Glückliche Patchworkpaare

Katharina Grünewald

Glückliche Patchworkpaare

Wie die Liebe mit neuer Familie gelingt

BELTZ

FSC
www.fsc.org
MIX
Papier aus verantwortungsvollen Quellen
FSC® C089473

Dieses Buch ist erhältlich als:
ISBN 978-3-407-86650-9 Print
ISBN 978-3-407-86651-6 E-Book (EPUB)

1. Auflage 2021

Dieses Werk wurde vermittelt durch Imke Rötger,
Agentur und Dienste für Autoren und Verlage, Freiburg.

Lektorat: Bettina Brinkmann
Umschlaggestaltung: www.stefanielevers.de (Gestaltung),
www.stephanengelke.de (Beratung)
Umschlagabbildung: ©Jan von Holleben
Herstellung: Sarah Veith
Satz: Publikations Atelier, Dreieich
Druck und Bindung: Beltz Grafische Betriebe, Bad Langensalza
Printed in Germany

Weitere Informationen zu unseren Autor_innen und Titeln
finden Sie unter: www.beltz.de

Inhalt

Vorwort – Sechs Phasen für eine erfüllende Patchworkliebe

Viele Frauen und Männer geben der Liebe eine neue Chance – auch wenn sie bereits Kinder aus einer vorhergehenden Beziehung haben. Vielleicht gehören auch Sie zu diesen Patchworkpaaren? Vielleicht leben Ihre Kinder oder Freunde in einer Patchworkbeziehung? Oder Sie sind einfach interessiert daran, wie eine solche Liebe gelingen kann?

Ich lade Sie ein, die Patchworkpaarbeziehung mit ihren besonderen Herausforderungen und Chancen für die Liebe näher zu betrachten: Sie erfahren in diesem Buch, wie sich in sechs Phasen eine starke und lebendige Liebe entwickeln kann.

In der ersten Phase geht es darum, Freiraum für die Leichtigkeit der jungen Liebe zu schaffen: Wie können Sie unbeschwert die neue Zweisamkeit genießen, wenn sich die Trennung in der alten Beziehung gleichzeitig emotional belastend gestaltet? Wie können Sie die Kinder im Blick behalten und parallel dazu gut für sich und die neue Liebe sorgen?

In der zweiten Phase lassen Verliebte sich nur zu gern vom Liebeszauber leiten. Doch was passiert, wenn einer zeitlich stärker eingebunden ist als die andere? Und die Beziehung aus der Balance gerät? Wie gehen Sie mit den Enttäuschungen, Konkurrenzgefühlen und Eifersüchteleien um, die zwangsläufig aufkommen, weil die Liebste[1] nicht immer an erster Stelle stehen kann? Wie können Sie als Liebespaar einen Umgang mit diesen schwierigen

Situationen finden, ohne die Liebe oder sich selbst infrage stellen zu müssen?

Der produktive Umgang mit Konflikten und konstruktive Auseinandersetzungen sind für Patchworkpaare ein wichtiges Beziehungsfundament. Dabei sind die vielfältigen Streitpunkte im Alltag, die in der dritten Phase mit dem näheren Kennenlernen unweigerlich aufkommen, Anhaltspunkte für die eigenen Ambivalenzen, Glaubenssätze und Widerstände. Im dritten Kapitel zeige ich Ihnen, wie Sie Eskalationsschleifen und Teufelskreise durchbrechen können.

Irgendwann braucht jede Liebe eine Perspektive. Im vierten Kapitel geht es um Ihre Wünsche, Ihre (unbewussten) Sehnsüchte und eine gemeinsame Vision. Wie kann die aussehen, wenn so viele Menschen in der Patchworkfamilie Unterschiedliches wollen? Wie schaffen Sie es, als Paar eine gemeinsame Vision für Ihre Liebe mitsamt den dazugehörigen Kindern zu entwickeln?

Das fünfte Kapitel widmet sich ganz Ihrem Alltag als Patchworkpaar. Wie verleihen Sie Ihrem neuen Alltag eine Struktur, in der Sie und Ihre Kinder sich wohl und heimisch fühlen? Wie etablieren Sie in der fünften Phase einen festen Platz für Ihre Liebe, sodass diese sich weiterentwickeln und entfalten kann? Und wie gestalten Sie Familienfeste so, dass es für Sie als Liebespaar stimmig ist?

In der sechsten Phase geht es darum, wieder loszulassen. Das Leben wandelt sich stetig – die Kinder werden größer, Sie entwickeln sich weiter, es geht auf und es geht ab. Im sechsten Kapitel geht es um die Frage, welche Haltung Ihnen dabei hilft, Ihre Liebe immer wieder neu zu gestalten und sich dabei an die Anfänge – Ihre Verliebtheit – zu erinnern.

Seit über zehn Jahren begleite ich in meiner Praxis Patchworkpaare und -familien und meine Überzeugung ist: Wenn die Liebe gelingt, gelingt auch die Patchworkfamilie. Daher nehme ich zuerst die Liebe des Patchworkpaares in den Blick und rücke sie in den Vordergrund, wenn die vielfältigen Familienbelange den Eltern allzu herausfordernd erscheinen.

Mit meinem Buch möchte ich Sie auf Ihrem Patchworkweg hin zu einer lebenslangen Beziehung unterstützen. Lassen Sie sich vom Inhaltsverzeichnis inspirieren und schlagen Sie es an der Stelle auf, wo es sich für Sie persönlich stimmig anfühlt. Sie finden dort erklärende Worte, konkrete Beispiele und Übungen, die Ihnen weiterhelfen. Gehen Sie dabei selbstbewusst und eigenverantwortlich vor. Manchmal hilft es vielleicht schon, die Übungen nur zu lesen und zu verstehen. Manchmal kann es hilfreich sein, sich eine Übung immer und immer wieder vorzunehmen. Trauen Sie Ihrem Gefühl und nutzen Sie das Buch, um mit Ihrem Liebsten ins Gespräch über Ihre Liebe zu kommen und sich auszutauschen. Ich wünsche Ihnen eine inspirierende Lektüre.

Katharina Grünewald

Erste Phase

Siebter Himmel trotzt Gewitterwolken – Eine neue Chance für die Liebe?

Wie schön ist es, sich zu verlieben! Das Gefühl, von Liebesenergie aufgeladen zu sein, Bäume ausreißen zu können, obwohl man nächtelang nicht geschlafen hat. Sich gut aufgehoben und geliebt fühlen und nichts dafür tun müssen. Im siebten Himmel alles um sich herum vergessen und den Gefühlen freien Lauf lassen.

Doch das, was in der Jugend und in der jungen Erwachsenenzeit einfach so passiert, einen ganz und gar einnimmt und dafür sorgt, dass alles andere nach hinten rückt, findet in einem Alltag mit Job und Kindern oft keinen Raum mehr. Neben Beruf, Haushalt und Kindern, die Beachtung verlangen, brauchen die Liebenden einen gesicherten seelischen Raum für unbeschwerte Auszeiten. Schuldgefühle, Mitleid mit traurigen Kindern, Ärger oder gar ein Rosenkrieg mit den Expartnern können diesen seelischen Freiraum verhindern. Dabei soll der Kopf doch möglichst abschalten, damit man sich mit Haut und Haaren auf das neue Gegenüber einlassen kann. Wie erhält eine neue Liebe trotzdem eine Chance?

Frauen und Männer aus gescheiterten Beziehungen haben diesen äußeren und inneren Freiraum dann, wenn sie »gut getrennt« sind. Die gute Trennung ist eine wichtige Voraussetzung für eine unbeschwerte neue Liebesbeziehung – so weit die Theorie. In der Realität ist jedoch oft nicht klar, wie denn eine gute Trennung aussehen kann. Vor allem dann nicht, wenn viele Verletzungen, Wut und Enttäuschungen im Spiel sind. Zudem orientiert sich eine neue Liebe in der Regel auch nicht an theoretischen Überlegungen, sondern entwickelt sich oftmals bereits während des Trennungsprozesses oder ist sogar Auslöser für diesen.

In diesem Kapitel nehme ich daher zunächst die Entwicklung der neuen Liebe und dann die gute Trennung in den Blick. Damit die Kennenlern- und Verliebtheitsphase ungestört stattfinden und das Bauchkribbeln energetisierend sein kann, braucht das Paar in dieser Phase bestimmte Schutzmaßnahmen.

Verliebte Zweisamkeit: Eine neue Liebe entwickelt sich

Sie trifft ihn beim Abholen der Kinder im Kindergarten, er sieht sie auf der Party einer gemeinsamen Bekannten oder sie suchen und finden sich in einem Partnerschaftsportal im Internet. Die Liebenden lernen sich kennen und es funkt. Beide genießen den Energieschub und die damit einhergehende Leichtigkeit.

Die neue Liebe durchströmt alles

Das Verliebtsein setzt ungeahnte Kräfte frei. Obwohl wenig Zeit bleibt, finden die frisch Verliebten Möglichkeiten, sich zu treffen. Ohne viel Schlaf und meist höchst beflügelt gleiten die sonst gestressten Elternteile durch den Alltag und strahlen plötzlich Freude und Glück aus.

Karin erkannte sich selbst nicht wieder: Sie stand eine Stunde früher als sonst auf und mit ihrer vierjährigen Tochter Lena lief alles nach Plan, weil sie ihr versprochen hatte, dass sie Mia schon vor dem Kindergarten auf dem Spielplatz treffen würden. Mia war Georgs Tochter und Lenas beste Freundin. Karin und Georg genossen diese frühen Treffen sehr und waren danach für den restlichen Tag total beseelt.

Diese Verliebtheitsphase ist unglaublich. Sie braucht häufig gar nicht viel reale Begegnung und Kontakt. Sie funktioniert auch ohne permanenten Anschub durch den anderen. Meist sind es nämlich die eigenen Sehnsüchte und Träume, die durch den anderen aktiviert werden. Schon ein einziger Satz der Geliebten, zum Beispiel »Du bist so aufmerksam!«, oder eine sanfte Geste kann beim Verliebten dazu führen, dass er nur die liebevolle, wertschätzende und fürsorgliche Geliebte sieht, die wahrnimmt, wie er sich anstrengt und was er fühlt. Er fühlt sich gesehen und verstanden. Sie ist die besondere Frau, die erkennt, wie er wirklich ist. Dafür ist er bereit, alles zu tun. Sie hingegen sieht sich in der Sehnsucht nach einem gefühlvollen, starken Mann bestätigt, der ihre Belange und die ihrer Kinder ernst nimmt. Die symbiotische Verliebtheit ist in vollem Gange und das Liebespaar schwebt im siebten Himmel. Belastungen, Streitereien und alltägliche Probleme werden ausgeblendet und in den Hintergrund gedrängt. Gewitterwolken haben keine Chance. Alles ist gut.

Patchworkpaare, die meinen Rat suchen, lerne ich in der Regel erst in einer späteren Phase ihrer Liebe kennen. Jetzt brauchen die Verliebten keine Unterstützung, denn die Sehnsüchte führen Regie. Sie reichen vollkommen aus, um die beiden verliebten Menschen zusammenzuführen und miteinander zu verbinden.

WAS SIE TUN KÖNNEN

Love & enjoy
Genießen Sie einfach das Gefühl und lassen Sie sich davon durchströmen. Spüren Sie die Liebesenergie, atmen Sie tief ein, nehmen Sie sie in sich auf und atmen Sie sie in alle Ecken des Alltags aus!

Die neue Liebe stabilisieren

Die Verliebten schaffen sich häufig eine Parallelwelt, in der sie ihr Verliebtsein ungestört leben können. Mit viel Energie und Organisationsgeschick erringen beide immer wieder Raum für ihre Liebesauszeiten. Stundenlang telefonieren oder chatten sie, treffen sich kurz zwischendurch und schicken sich Liebesgrüße. Daneben läuft der Alltag mit Kindern und Berufstätigkeit und häufig aufwühlendem Trennungsgeschehen weiter, doch auch dieser Alltag ist von der neuen Liebe energetisiert.

Nervten die täglichen Anrufe der Ex immer, ist es auf einmal nur ein Anruf, den es zu erledigen gilt. Mehr nicht. Die zwölfjährige Tochter will unbedingt noch zu ihrer Freundin, obwohl es schon so spät ist? Na gut, warum nicht. Insgeheim ist der Gedanke schon bei einem – dann noch möglichen – Telefonat mit der Liebsten. Das tägliche Einkaufen und Kochen gelingt auf einmal mit einem Lied auf den Lippen und mit Gedanken an den letzten Kuss viel schneller und die gute Laune zaubert den Kindern ebenfalls ein Lächeln ins Gesicht.

Die eigenen Sehnsüchte drängen die Verliebten immer wieder zum Auftanken an die Liebestankstelle. Die Verliebten sehnen sich nacheinander und schaffen Gelegenheiten, sich nahe zu sein, damit die Liebe sie immer weiter und mehr durchströmen kann. Diese Parallelwelt, diesen geschützten Raum für die neue Liebe können die Verliebten vor allem dann genießen, wenn die Kinder anderweitig versorgt sind und das Liebespaar eine Auszeit für sich organisiert hat. Ein solcher Raum kann aber auch im Beisein der Kinder entstehen, wie es bei Karin und Georg der Fall ist: Während Lena und Mia zusammen auf dem Spielplatz spielen, himmeln sie sich gegenseitig an und werfen sich innige Blicke zu. Die Verliebten tanken dabei auf und fühlen sich inniglich verbunden.

Oftmals ist eine neue Liebe der Auslöser im Leben eines Menschen, durch den die eigenen Bedürfnisse und Sehnsüchte wieder lebendig und spürbar werden. Häufig stellen die frisch Verliebten dann fest, dass der bisherige Alltag von vielem bestimmt wird, nur nicht von den eigenen Sehnsüchten, Wünschen und Bedürfnissen. Also: ein guter Moment, um innezuhalten und einen Blick auf den eigenen Alltag zu werfen.

WAS SIE TUN KÖNNEN

Selbstcheck: Bestandsaufnahme mit Zeitkuchen

» Zeichnen Sie auf ein Blatt Papier einen Kreis als Symbol für einen Zeitkuchen für Ihren Alltag. Tragen Sie dann in Form von Tortenstücken die verschiedenen Phasen eines durchschnittlichen Wochentages (24 Stunden) ein: Schlafenszeit, Arbeitszeit, Pausen, Zeit für die Kinder, Freizeit zum Lesen, Bummeln, Nichtstun, Zeit für Haushalt und Einkauf, für Medien, für Sport, für Freunde etc. Seien Sie ehrlich mit Ihren Angaben und legen Sie den Zeitkuchen dann zur Seite, vielleicht fällt Ihnen später noch etwas ein.

» Nehmen Sie dann ein weiteres Blatt hinzu, zeichnen Sie wieder einen Kreis darauf und entwerfen Sie Ihren Wunsch-Zeitkuchen! Jetzt dürfen Sie einen Wunsch-Alltag erfinden, der nichts mit der Realität zu tun und auch keinen Anspruch hat, Realität zu werden. Jetzt sind Ihre Sehnsüchte und Wünsche Regisseure, lassen Sie sich für diesen Moment ganz darauf ein.

» Oftmals tut sich eine große Diskrepanz auf zwischen der Realität und unseren Bedürfnissen. Lassen Sie die Zeitkuchen auf sich wirken!
» Tipp: Sie können auch je einen Zeitkuchen für einen typischen Wochenendtag, wie er derzeit verläuft, und für einen Wochenendtag, wie Sie ihn sich erträumen, zeichnen.

Hanne war erstaunt von ihren Zeitkuchen: Auf dem ersten Blatt hatte sie in ihren Ist-Zeitkuchen für ihren Alltag drei große Tortenstücke eingezeichnet: Schlafen, Job und Kinder. Kleinere Tortenstücke zeigten den Anteil des Tages für Haushalt und Einkauf, Freizeit, Sport und Freundinnen. Das wars.

In Hannes Wunsch-Zeitkuchen gab es auf einmal große Stücke mit Zeiten für ganz bestimmte Menschen – ihre Kinder und ihre beste Freundin zählte sie dabei einzeln auf, und auch ihrem Liebsten teilte sie ein dickes Stück zu. Daneben vergab sie ein großes Stück Kuchen für Sport, Yoga und Spazierengehen. Ihr Job kam überhaupt nicht vor und Haushalt und Einkauf waren nur sehr klein. Wie konnte das sein? Ihre Wünsche kamen kaum in ihrem jetzigen Alltag vor. Für Hanne stand fest: Sie musste etwas ändern!

Die neue Liebe braucht Raum in Ihrem Leben! Wie können Sie sich diesen schaffen, obwohl doch Ihr Leben jetzt schon überfrachtet ist? Wie können Sie Zeit finden, wenn Sie sowieso schon das Gefühl haben, den Kindern, der Familie, dem Job, den Freunden und sich selbst nicht wirklich gerecht werden zu können?

Stellen Sie Ihre Ansprüche auf den Prüfstand

Nun geht es ans Basteln: Wie bringen Sie die Realität und Ihre Wünsche zusammen? Fragen Sie sich selbst:

» Welche Zeiten sind gesetzt, welche muss ich für Job, Haushalt und Kinder einräumen? Und: Muss ich wirklich?
» Was würde passieren, wenn ich meinen Anspruch senke? Was sind realistische Ansprüche und welche entspringen – möglicherweise unbewussten – Bildern eines alten Maßstabs?
» Entspricht der Maßstab, den ich mir selbst setze, noch immer meinen Wünschen und Bedürfnissen?

Sie haben die große Chance, hier bewusst Entscheidungen zu treffen, Ihre Sehnsüchte und Bedürfnisse in Ihren Alltag zu integrieren. Der zweite Schritt ist, diesen neuen Alltag allen Beteiligten gut zu vermitteln oder auch mit ihnen zu verhandeln. Machen Sie sich bewusst, für welche Aktivitäten oder Menschen Sie mehr Zeit benötigen, oder auch, welche Tätigkeiten oder Kontakte Sie einschränken möchten. Und wenn Sie beispielsweise beschlossen haben, eine Freundin oder Ihre Eltern in den nächsten Monaten weniger als sonst zu treffen, lassen Sie diese wissen, dass und warum Sie so handeln möchten.

Fragen Sie sich außerdem, was Sie delegieren können. Gehen Sie Ihren Alltag Stunde für Stunde, Aktivität für Aktivität durch: Auch kleine Zeitgewinne zählen.

Bilden Sie Ihr Erfolgsteam

Mit wem können Sie überlegen, wer kann Ihnen helfen? Beziehen Sie einen oder zwei Personen aus Ihrem Freundeskreis in Ihre Überlegungen ein und bilden Sie ein Erfolgsteam. Nicht nur bezüglich der Zeiteinteilung, sondern überhaupt ist es in dieser komplizierten Zeit hilfreich, wenn Sie sich mit jemandem besprechen und diese Personen auch um kritisches Feedback bitten können: »Habe ich alles berücksichtigt, fällt dir noch etwas ein?«, »Sag mir, wenn dir etwas komisch vorkommt. Du kennst mich und meine Situation gut«. Ein wichtiges Element eines Erfolgsteams ist, dass Ihre Freunde für Sie und Ihre Situation mitdenken und Ihre Kreativität zur Verfügung stellen. Vielleicht können Sie im Gegenzug Teil des Erfolgsteams der jeweiligen Freunde sein?

Etablieren Sie »Me-Time«

Bauen Sie Rituale und Regelmäßigkeiten ein! Können die Kinder vielleicht eine Mahlzeit allein gestalten oder andere Aufgaben übernehmen? Können Freunde und Familien von Freunden Ihrer Kinder mit in den Alltag eingebunden werden? Sie dürfen ruhig wissen, dass Sie diese Zeit für Ihre eigenen Bedürfnisse brauchen. Überlegen Sie sich einen Begriff für diese Freiräume, zum Beispiel »Me-Time«. Das schafft Klarheit. Zudem fällt es Kindern oft leichter, sich darauf einzulassen, wenn es regelmäßig passiert. Also, zum Beispiel: »Dienstagabend ist euer Pasta-Tag. Da dürft ihr allein kochen und essen!« Am Wochenende brauchen Sie Zeit zum Telefonieren oder für ein Treffen mit dem Liebsten? Dann etablieren Sie »Me-Time« auch in einem Wochenende, das Sie mit Ihren Kindern verbringen. Ebenso können Sie sich Zeit für Verabredungen mit sich selbst verschaffen.

Entdecken und schaffen Sie Freiräume durch Puzzlen

Selbstverständlich gibt dieses Vorgehen auch Ihren Kindern die Erlaubnis, ihre »Me-Time« zu platzieren. Die folgende, vielfach in Patchworkfamilien erprobte Methode können Sie einsetzen, um mehr Platz im Alltag für die wichtigen Dinge zu schaffen: Basteln Sie mit Ihren Kindern Puzzleteile für Aktivitäten, die auf jeden Fall am Wochenende oder an bestimmten Tagen stattfinden müssen – pro Aktivität ein Puzzleteil. Jeder darf auf diese Weise seine Herzensanliegen sichtbar machen. Gemeinsam überlegen Sie dann, wie die verschiedenen Puzzleteile bestmöglich zusammenpassen. So ergibt sich ein bunter Wochenplan mit hoffentlich vielen Herzstückchen. Jüngere Kinder machen dabei in der Regel bereitwillig mit, denn sie fassen es als Spiel auf. Doch auch Jugendliche können Sie auf diese Weise dazu motivieren, ihre Bedürfnisse mitzuteilen.

Unterschätzen Sie nicht, wie schnell sich in diesen Zeiten der Übergänge und Neugestaltung Ihre Bedürfnisse und auch die Ihres Umfelds, allen voran die Ihrer Kinder, verändern können. Oft kommen sie auch erst nach und nach an die Oberfläche. Nehmen Sie diese sowie Ihre Planungen immer wieder anhand der Zeitkuchenmodelle unter die Lupe. Dieser Prozess ist für einen allein schon sehr komplex, mit Kindern zusammen kann er leicht überfordern. Seien Sie sich bewusst, dass es ein ständiger Veränderungsprozess ist, der niemals perfekt sein kann. Nehmen Sie sich Zeit. Wichtig ist hier das Erlebnis des Experimentierens und Sortierens, nicht so sehr das Ergebnis.

Für Hanne war es ein Riesenschritt, ihre Freiräume mit den Bedürfnissen der Kinder abzuklären. Mit Müttern von Freunden ihres Sohnes Fred (10) hatte Hanne feste Zeiten abgesprochen, wann die Jungs zusammen mal bei ihr und mal bei den Freunden übernachteten. Sie hatten außerdem feste Zeiten etabliert, in denen sie zusammen essen und den Haushalt erledigten. Auch war es wichtig für Hanne, zu hören, was ihre 15-jährige Tochter Paula bewegte. Neuerdings hatte sie den Impuls, beiden von ihrem neuen Freund David zu erzählen, aber noch war sie sich nicht sicher genug. Sie blieb noch immer vage, wenn es um ihre Abwesenheit ging.

Störmomente in der Parallelwelt

Auch wenn es dem Liebespaar gelingt, sich seine Zeit für die Liebe zu organisieren, treten schon in der ersten Verliebtheitsphase Störmomente auf. Die innige Liebe kann von außen und von innen gestört werden. Gründe dafür können die folgenden sein:

- **Die Realität klopft an:** Während des kinderfreien Wochenendes vermisst Ihr Kind Sie sehr und will Kontakt oder Ihr Expartner braucht plötzlich Hilfe, da das Kind krank ist.
- **Eigene Ambivalenzen treten zutage:** Einer der beiden Liebenden hat ein schlechtes Gewissen gegenüber den Kindern aus der »alten« Familie und kann sich nicht vollends auf die innige Liebe einlassen.

Die Realität klopft an

Marias Kinder waren noch klein, drei und fünf Jahre alt. Sie verstand sich mit dem Vater der Kinder, Gary, halbwegs gut. Maria hatte ein Wellnesswochenende mit Klaus, ihrer neuen Liebe, geplant. Beide hatten sich sehr darauf gefreut. Sie hatten bereits einen halben Tag im Wellnessbereich verbracht, als Maria auf ihr Handy schaute. Gary hatte mehrfach versucht, sie zu erreichen. Sie rief ihn an und er war spürbar erleichtert. Zoe, ihre kleine dreijährige Tochter, hatte rote Flecken auf der Haut und war nicht mehr zu beruhigen. Maria musste dringend zu ihrer Tochter. Klaus hatte zwar einerseits Verständnis, andererseits fand er die Eile etwas übertrieben. Sie fuhren zurück, ohne viel miteinander zu sprechen. Sie kannten sich noch nicht gut genug und hatten eine solche Situation nicht vorhergesehen. Klaus setzte Maria bei Gary ab und fuhr dann zu sich nach Hause. Anschließend ging er zu seinen Kumpels in die Kneipe und feierte mit ihnen den Fußballsieg. Als Maria unterdes-

sen bei Gary ankam, ging es Zoe schon besser, sie hatte kein Fieber und die roten Flecken stellten sich als Mückenstiche heraus. Sie versuchte Klaus zu erreichen, aber Klaus hörte sein Handy in der Kneipe nicht. Sie war enttäuscht – vielleicht wollte er gar nicht wirklich mit ihr zusammen sein?

Es dauerte einige Zeit, bis Maria und Klaus sich ihrer Liebe wieder sicher waren und über diese Situation sprechen konnten. Sie vereinbarten einige Punkte: Klaus musste akzeptieren, dass ungeklärte Krankheiten ihrer Kinder für Maria ein Notfall waren. Im Gegenzug versprach Maria, mit Gary auszuhandeln, dass er sich in solchen Fällen um eine klarere Diagnose bemühte und zunächst selbst einige Maßnahmen unternahm. Weiterhin vereinbarten sie, sich in einem solchen Fall zum nächstmöglichen Zeitpunkt gegenseitig das eigene Erleben der Situation zu erzählen und zu erforschen, welche Bedeutung das Erlebte für den anderen hat. Ebenso holten sie sich Hilfe bei der Frage, wie man mit Enttäuschungen gut umgehen kann.

WAS SIE TUN KÖNNEN

Nutzen Sie Konflikte als Gelegenheiten zum gegenseitigen Kennenlernen

Erstellen Sie einen Plan, der Sie auf unerwartete Notfälle aus der alten Familienwelt vorbereitet. Fragen Sie sich: Was sind Notfälle? Das sieht jeder Mensch anders, deshalb sollten sich die Liebenden im Vorfeld darüber verständigen. Ganz wichtig: Es geht nicht darum, eine Definition von Notfall zu schaffen, die beide abnicken können. Es geht darum, zu erfahren, was die eine unter einem Notfall versteht und was ein Notfall für den anderen ist. Das gilt es zu akzeptieren, nicht zu diskutieren. Sprechen Sie außerdem über folgende Fragen:

- Was passiert, wenn ein Notfall eintritt?
- Was macht der Zurückgelassene, während die Partnerin sich um den Notfall kümmert?
- Wie können beide mit der Enttäuschung umgehen?
- Wie können Sie als Paar mit einer solchen Störung bestmöglich umgehen?

Dabei muss es nicht direkt eine klare Antwort geben. Die Fragen dürfen ruhig eine Zeitlang bei Ihnen beiden wirken und vertragen unterschiedlichste Antworten, die weiterentwickelt werden können.

Akzeptieren Sie Enttäuschungen

Eine Enttäuschung ist eine Täuschung, die auf einmal weg ist und den Blick auf eine Situation, auf eine Beziehung oder auf einen Menschen klar werden lässt. In dem Beispiel hatten sich die beiden Verliebten das Wellnesswochenende ganz anders vorgestellt. Die alte Familienwelt ist in die innige Liebeswelt eingebrochen. Die Illusion, dass diese neue Liebe losgelöst existiert und Klaus für Maria die Nummer eins ist, wurde enttäuscht. Die knallharte Realität dringt in die Liebeswelt ein.

Solche Enttäuschungen erleben Patchworkpaare immer wieder. Besonders heftige Enttäuschungen sind häufig der Auslöser dafür, dass Patchworkpaare meinen Rat suchen. Die Verliebten stehen meist vor dem Problem, dass sie sich gegenseitig die Schuld zuschieben und Vorwürfe machen, anstatt Enttäuschungen zu akzeptieren und sich konstruktiv mit ihnen auseinanderzusetzen. Der Enttäuschte berichtet dann gerne auch von anderen Enttäuschungen, die in der Vergangenheit passiert sind, und stellt fest, dass ihm solche schmerzhaften Erfahrungen »immer wieder« widerfahren. Der andere fängt dann an, sich zu rechtfertigen, und fühlt sich ungerecht behandelt. So beginnen oftmals endlose Diskussionsschleifen und die Liebenden reden aneinander vorbei. Um zu verhindern, dass sich die Verliebten immer weiter voneinander distanzieren, ist es wichtig, diese Enttäuschungen zu akzeptieren, anstatt die Verantwortung für den erlittenen Schmerz dem Partner zuzuschieben.

Entwickeln Sie also vorab eine Idee, wie Sie mit Enttäuschungen umgehen werden, dann ist es in der Situation leichter, damit zurechtzukommen. Das schützt zwar nicht vor Enttäuschungen, aber es hilft Ihnen, besser damit umzugehen.

Spielen Sie mögliche Reaktionen auf die Situation vorab in verschiedenen Varianten im Kopf durch, um sich die Folgen Ihrer Entscheidung ganz bewusst zu machen:

» **Variante 1:** Ich schimpfe und mache meine Geliebte, das Kind oder meinen Expartner für die Enttäuschung verantwortlich. Das ist die destruktivste Alternative und stellt die größte Bedrohung dar, da dies sehr wahrscheinlich zu Krach, Diskussionen und Machtkämpfen führt.
» **Variante 2:** Ich ziehe mich bockig zurück und ärgere mich über mich selbst. Auch dies ist nicht zielführend, sondern entfernt mich von meinem eigentlichen Ziel, Zweisamkeit zu erleben.
» **Variante 3:** Ich akzeptiere die Situation so, wie sie ist. Ich mache mir klar, dass es wahrscheinlich für alle Menschen in einer solchen Situation schwierig wäre, und erforsche, welche Wege sich nun für mich bieten: Ich richte meinen Fokus zum Beispiel auf den neu gewonnenen Freiraum und nutze diesen für mich. Ich gehe einkaufen, lese ein gutes Buch oder rufe Freunde an und frage, ob sie Zeit haben. Diese Möglichkeit birgt die besten Chancen für gute Entwicklungen. Akzeptanz heißt, dass ich nicht nach dem Wieso und Warum frage, sondern die Situation

so annehme, wie sie ist. Ich halte in diesem Moment der Leere und Ratlosigkeit inne und lasse mich von der Frage führen: Wie kann ich in dieser Situation gut zu mir und zu den anderen sein?

Behandeln Sie Enttäuschungen

Wenn die Notsituation vorüber ist, das Liebespaar wieder zueinandergefunden und Zeit hat, sollten Sie die Enttäuschung noch einmal betrachten. Die leitende Frage dabei kann sein: Was brauchst du, damit solche Situationen nicht unsere Liebe schädigen oder infrage stellen? Was brauche ich, damit ich keine Angst um mein Kind aushalten muss?

- Verhandeln Sie über eine »Wiedergutmachung«: »Ich habe mich von dir versetzt gefühlt, das war echt blöd und tat weh.« Das Verständnis für diese Wahrnehmung der Situation wäre bereits ein Pflaster für die Verletzung. Eine weiterführende Wiedergutmachung könnte zum Beispiel eine Essenseinladung oder eine neue Verabredung für ein Wellnesswochenende sein.
- Aber auch die enttäuschende Person, in diesem Beispiel Maria, braucht noch eine Nachbehandlung. Die Situation, so zerrissen zu sein, ist schwierig. Sie wollte doch selbst nicht aus der Liebeswelt heraus. Sie hat ein schlechtes Gewissen, weil in solchen Momenten die alte Familie Vorrecht hat. Hier ist es sehr entlastend, wenn der Partner, in dem Fall Georg, diese Familienhierarchie mitträgt und beide wissen, was zu tun ist, um das Ungleichgewicht wieder auszugleichen. Maria und Georg könnten beschließen: »Nach solch einem Notfallwochenende brauchen wir besonders viel Zeit füreinander. Wir planen eine neue Liebeszeit und dürfen uns etwas voneinander wünschen.«

Eigene Ambivalenzen treten zutage

Petra und Andreas trafen sich immer dann, wenn seine Kinder am Wochenende nicht da waren. Sie kannten Petra noch nicht und Andreas hatte nach seiner letzten Erfahrung mit einer neuen Liebe den festen Vorsatz, den Kindern, zumindest solange sie zu Hause wohnten, nicht wieder eine neue Stiefmutter zuzumuten. Für Petra war das in Ordnung; sie war nicht scharf auf Kinder und liebte Andreas. Nach einigen Monaten platzte es jedoch aus Petra heraus: Sie konnte es nicht länger ertragen! Sie hielt sich ständig im Lebensraum der Kinder auf, an den Wänden hingen Fotos und Andreas erzählte viel von ihnen. Sie fühlte ihre innige Zweisamkeit plötzlich nicht mehr.

Was war passiert? In der ersten Zeit waren beide sehr aufeinander konzentriert gewesen und die Kinderwelt existierte für sie nicht, wenn sie zusammen waren. Jedoch wurden die Kinder durch Andreas' Erzählungen immer präsenter und Andreas war, obwohl er mit ihr zusammen war, immer öfter mit seinem Herzen bei den Kindern. Was bedeutete das?

Petra und Andreas schafften es, ganz ruhig und einfühlsam über diese Situation zu sprechen, und Andreas musste sich eingestehen, dass er seinen Vorsatz, den er zum Schutz der Kinder getroffen hatte, nicht einhalten konnte. Er hatte auch den Kindern von Petra erzählt und wollte, dass Petra mehr von seinen Kindern erfuhr. Er wollte nicht mehr in Parallelwelten leben. Die beiden Welten drängten zueinander.

Manchen Paaren gelingt es, die Parallelwelten zu stabilisieren und die Energie von der einen in die andere mitzunehmen, ohne dass die eine die andere Welt berührt. Sie können die Exklusivität der Liebesbeziehung genießen, die sogar Ausgeglichenheit und Liebe in die Kinderwelt bringt. Solange es sich für alle Beteiligten gut anfühlt, ist dies eine gute Form, Patchwork zu leben. Sobald sich jedoch bei einem von beiden Unmut einstellt, wird es Zeit, die Konstruktion zu hinterfragen.

WAS SIE TUN KÖNNEN

Erkunden Sie Ihre Ambivalenzen

Ambivalenzen sind höchst menschlich und seelisch unerlässlich. Je nachdem von welcher Seite man eine Situation betrachtet, fällt die Bewertung und die Handlungsweise anders aus. Wenn nun in der Patchworkfamilie diese unterschiedlichen – und sich häufig widersprechenden – Perspektiven an die liebsten und wichtigsten Menschen in Ihrem Leben geknüpft sind, sind Sie in der Zwickmühle. Sie können nun mal nicht gleichzeitig ein Liebeswochenende allein mit Ihrer Geliebten und ein intensives Wochenende mit Ihren Kindern verbringen.

Als liebender Mensch, der doch für seine Liebsten alles tun würde, sind Sie nun ambivalent und unentschlossen. Heraus aus der Zwickmühle führt nur eine dritte Perspektive: Ihre eigene! Es gibt hierbei kein Richtig und kein Falsch, sondern nur die Tatsache, dass sich etwas für einen selbst stimmig anfühlt.

Wie sehen bei Ihnen die Perspektiven und Standpunkte Ihrer Liebsten aus? Erkunden Sie die unterschiedlichen Sichtweisen und schaffen Sie auch Raum für Ihre Perspektive. Nähern Sie sich ihnen mit diesen Fragen an:

- Was will meine Liebste? Kann ich verstehen, dass sie gerne das ganze Wochenende mit ihrem Geliebten verbringen will?
- Was wollen meine Kinder? Kann ich verstehen, dass sie das ganze Wochenende allein mit ihrem Vater verbringen wollen?

» Was will ich? Wie sehen die Pläne für die nächsten Wochenenden aus? Erkenne ich dort noch meine Bedürfnisse und Wünsche aus meinem Wunsch-Zeitkuchen? Und wie schaffe ich es, die Wünsche der anderen zu verstehen und bei meiner eigenen Perspektive zu bleiben? Vielleicht holen Sie die Papierbögen mit Ihren Wunsch-Zeitkuchen noch einmal hervor und überprüfen sie. Was hat sich verändert? Wo sind Sie abgewichen? Fordert die Kinderwelt oder etwas anderes gerade mehr Raum ein? Aus welchen Gründen? Was fühlt sich für Sie jetzt stimmig an?
» Gibt es Gründe in der Liebesbeziehung, die mich wieder mehr an die Kinderwelt binden? Hat sich im Erleben der neuen Liebe etwas verändert? Wie könnte ich das beschreiben? Welche Bilder oder Beispiele kommen mir dazu in den Kopf?
» Habe ich ein schlechtes Gewissen? Ist es vielleicht Ausdruck einer Sehnsucht nach einem Zusammenbringen der beiden Welten? Drängt es mich, die Parallelwelten aufzulösen und in einen gemeinsamen Alltag zu integrieren? Dann steht der nächste Schritt in der Entwicklung der Patchworkliebe an.

Schaffen Sie eine Gelegenheit, bei der Sie offen und ehrlich über Ihre Gefühle sprechen können. Machen Sie Platz für das »Einerseits«, für das »Andererseits« sowie für Ihre dritte Perspektive, die sich vielleicht mit einer der vorherigen deckt oder aber einen neuen Aspekt mit hineinbringt. Dieser Austausch dient zur Information, zum Kennenlernen und zur Bewusstmachung der Situation, in der Sie sich befinden. Der geäußerte Wunsch und Ihre Vorstellung sind jedoch noch kein Plan zur konkreten Umsetzung in die Realität! Dazu bedarf es noch weiterer Schritte, über die wir später noch mehr erfahren werden.

Die in diesen Momenten erforderliche Kunst der Beziehungspflege wird im zweiten Kapitel ausführlich behandelt. Zuvor möchte ich Ihnen aber eine Blickweise auf Situationen vorstellen, durch die Sie die Chancen für ein gutes Miteinander trotz eines noch so komplizierten Patchworklebens grundlegend erweitern können.

Beteiligte Persönlichkeitsinstanzen erkennen

Gerd und Ina waren zum ersten Mal gemeinsam für eine Woche im Urlaub. Sie hatten sich so gefreut und sich ein romantisches Hotel auf Sardinien ausgesucht. Sie waren verliebt und genossen die Zeit zu zweit sehr. Am dritten Tag telefonierte Gerd mit seinem schon fast erwachsenen Sohn und kam Inas Empfinden nach sehr verändert zurück. Kurz erzählte er, wie es Philipp (17) ging und was er machte, dann lagen sie schweigend auf ihren Liegen und Ina fühlte sich unwohl. Sie begann, sich in seinen Arm zu kuscheln, merkte jedoch sehr schnell, dass Gerd nicht offen dafür war. Sie startete das Spiel, das sie oft spielten, in der Hoffnung, ihn zurück in ihre Zweisamkeit holen zu können: »Weißt du eigentlich, wie lieb ich dich hab? Von Sardinien bis nach Hause und zurück!« Normalerweise würden sie die Strecke im wechselseitigen Dialog so lange erweitern, bis sie schließlich auf dem Mond ankamen. Anschließend würden sie sich in den Arm nehmen und inniglich küssen. Doch Gerd sagte nur kurz: »Jetzt nicht!« Ina fühlte sich zurückgewiesen, stand auf, merkte, wie sie trotzig wurde, und sagte: »Ich geh zum Strand!« Gerd blieb liegen und sagte nur: »O.k.« Das hatte es noch nie gegeben. Trotzig und schweigend ging Ina und steigerte sich immer mehr in ihr Schmollen hinein. Gerd hingegen fühlte sich unter Druck gesetzt, die Situation zu regeln. Nur was genau konnte er tun? Er lief Ina hinterher, fand sie am Strand und wollte es wiedergutmachen.

Ina aber war nachhaltig eingeschnappt. Sie kam ihm vor wie ein kleines Mädchen …

Ina ist durch Gerds Reaktion nach dem Telefonat mit seinem Sohn in eine andere sogenannte Persönlichkeitsinstanz geraten. In einer engen Beziehung hat man die Möglichkeit, solche Situationen und solche Wechsel der Persönlichkeitsinstanzen in einer Person intensiv wahrzunehmen und so viel über den anderen, aber auch über sich selbst zu erfahren. In einem Moment sind wir die erwachsene Person, die einen klaren Blick auf die Situation hat, und im nächsten Moment kann es sein, dass wir etwas Gesagtes oder eine Geste auf uns beziehen, die frühere Situationen unbewusst in uns wachrufen, und uns in eine kindliche Haltung fallen lassen.

Ina hat als erwachsene Frau und Freundin von Gerd natürlich Verständnis dafür, dass er sich nach dem Telefonat mit seinem Sohn noch Gedanken um diesen macht. In dem Moment jedoch, in dem er ihr gemeinsames Spiel zurückwies, fühlt sie sich wie die kleine Ina früher, die mit ihrem Vater spielen wollte, der aber nie Zeit für sie hatte. Früher war sie dann bockig und stampfte mit den Füßen auf den Boden. Manchmal hatte sie Erfolg und ihr Vater spielte mit ihr, manchmal auch nicht. Dann wurde sie wütend und knallte Türen zu. Unbewusst führt sie die beiden Situationen zusammen und kann die erwachsene Haltung nicht aufrechterhalten. Sie rutscht in die Haltung, die sie früher als Mädchen eingenommen hat – sie schnappt ein und wird trotzig. Gerd dagegen fällt durch das Telefonat mit seinem Sohn in seine Vater-Haltung, macht sich Sorgen um Philipp und hat das Gefühl, er müsse etwas regeln. Auch er zieht die beiden Situationen unbewusst zusammen und überträgt seine Haltung, etwas regeln zu müssen, auf Ina.

Solche Situationen passieren ständig und sind weder gut noch schlecht. Oft kommen wir durch ein Nachspüren und ein kurzes Innehalten wieder in unsere erwachsene Haltung und können uns allein oder gemeinsam fragen: »Was passiert hier gerade?«, »Wie hast du das gemeint?«

In Patchworkfamilien finden diese verschiedenen Ebenen – frühere Kind-Haltung, erwachsene Haltung im Hier und Jetzt, bestimmende Eltern-Haltung – oft parallel statt. Sie wissen beispielsweise als erwachsene Frau, dass Ihr Geliebter der Vater des Kindes ist, Sie aber nicht die Mutter sind. Vielleicht sind Sie sich dessen sogar sehr bewusst und nehmen eine fürsorgliche und dem Kind wohlgesonnene elterliche Haltung als Stiefmutter oder mütterliche Freundin ein. Trotzdem ist die Gefahr groß, dass die Vater-Kind-Beziehung eine Familiendynamik erzeugt, zu der Sie sich unbewusst anders positionieren. Besonders in emotional schwierigen und unklaren Situationen kann es gut sein, dass Sie Unmut oder Unwohlsein spüren und intuitiv eine kindliche Haltung einnehmen und beispielsweise eifersüchtig werden. Sie rutschen ungewollt in eine Geschwisterposition und werden plötzlich zur Tochter des Vaters an Ihrer Seite. Oder Sie orientieren sich intuitiv an der Rolle der Mutter und geraten damit in eine Mütterkonkurrenz.[2]

Solche Erfahrungen kennen Sie sicherlich auch aus anderen Kontexten – sie kommen häufig und bei allen Menschen vor. Jeder Mensch hat eine Disposition zu einer Haltung, die aus eigenen frühen Kindheitserfahrungen resultiert. So gibt es Menschen, die dazu neigen, sich schnell für alles verantwortlich zu fühlen und sich um andere zu kümmern. Diese Menschen haben früh gelernt, eine elterliche Haltung einzunehmen. Und es gibt Menschen, die gelernt haben, die Erwartungen anderer zu erfüllen, und die im Gegenzug erwarten, dass Partner und Kinder ihre Erwartungen ebenso erfüllen. Wenn das nicht so passiert, wird die Liebe infrage gestellt.

WAS SIE TUN KÖNNEN

Haltungscheck: Energieverteilung und -fluss

Mit der folgenden kurzen Betrachtung können Sie ein erstes Gefühl für Ihre unterschiedlichen Persönlichkeitsinstanzen, Ihre Energieverteilung und Ihren Energiefluss bekommen. Das Modell der Persönlichkeitsinstanzen ist ein Versuch, gewisse Verhaltensweisen sowie das Denken und Fühlen eines Menschen besser zu verstehen und zu erklären. Jeder Mensch ist jedoch komplex und kann nicht vollkommen durch dieses Modell beschrieben werden. Sehen Sie es als Hilfestellung an und nutzen Sie es, um sich Ihrer Ambivalenzen und inneren Widersprüche bewusst zu werden.

Im ersten Teil dieses Modells geht es um eine Selbsteinschätzung, im zweiten Teil um die Einschätzung Ihres Partners. Sie können diesen Haltungscheck für sich allein machen oder sich die Aussagen gegenseitig vorlesen und gemeinsam darüber ins Gespräch kommen. Die Aussagen sind den drei bereits genannten Haltungen zugeordnet: Kind-Haltung, Eltern-Haltung und Erwachsenen-Haltung.[3] Lesen Sie folgende Aussagen durch und kreuzen Sie spontan die Aussagen, die sich für Sie stimmig anfühlen, an.

Teil 1: Selbsteinschätzung

Eigene Empfindungen oder Äußerungen, die ein Hinweis darauf sein könnten, dass Sie in der Kind-Haltung sind:

- Ich verlasse mich auf meine Impulse und bin gerne spontan.
- Ich achte sehr darauf, was für mich richtig und wichtig ist und was ich brauche.

» Ich habe Angst, dass der andere mich zurückweist, wenn ich seine Erwartungen nicht erfülle.
» Ich mache oft eine Faust in der Tasche und füge mich.
» Manchmal ist mir alles zu viel, dann ziehe ich mich zurück und mache gar nichts mehr.

Eigene Empfindungen oder Äußerungen, die ein Hinweis darauf sein könnten, dass Sie in der Eltern-Haltung sind:

» Es gibt Regeln und Werte, die sollten alle beachten und befolgen.
» Ich achte darauf, dass alles harmonisch abläuft.
» Ich fühle mich schnell berufen, Lösungen zu finden. Dann mache ich klare Ansagen.
» Ich kann gut trösten und habe Verständnis für alle Beteiligten in einem Konflikt.
» Wenn jemand Hilfe braucht, bin ich da.

Eigene Empfindungen oder Äußerungen, die ein Hinweis darauf sein könnten, dass Sie in der Erwachsenen-Haltung sind:

» Ich beobachte und staune, dass der andere so anders denkt als ich.
» In Stresssituationen bleibe ich oft ruhig.
» Es gibt Situationen, da bin ich beteiligt am Drama und beobachte gleichzeitig mich selbst.
» Ich finde es wichtig, dass alle ihren Standpunkt äußern und wir dann gemeinsam überlegen, wie wir vorgehen.
» Manchmal spüre ich eine totale Ambivalenz: Ich will etwas und soll etwas anderes. Dann sage ich: Ich brauche Zeit, ich weiß gerade nicht weiter.

Teil 2: Einschätzung Ihres oder Ihrer Geliebten

Stellen Sie sich die letzten schwierigen Situationen vor. Wie kam Ihnen Ihr Liebster oder Ihre Liebste vor? Wie würden Sie Ihr Gefühl in der Situation beschreiben?

Eigene Empfindungen oder Äußerungen, die ein Hinweis darauf sein könnten, dass die oder der andere in der Kind-Haltung ist:

- Du erinnerst mich an ein Kind, das um Anerkennung kämpft und extra brav alles macht, was von ihm verlangt wird.
- Ich habe in solchen Situationen das Gefühl, als ob ein siebenjähriges Kind vor mir steht, das mit beiden Beinen aufstampft und fliegen will – und zwar sofort!
- Du hast dann tolle Ideen, bist so in deinem Element, dass ich mich automatisch gedrängt fühle zu fragen: Und wer räumt auf? Und wer kocht?
- Du verstummst, hörst auf zu reagieren, wirkst lethargisch und entziehst dich so der Situation.

Eigene Empfindungen oder Äußerungen, die ein Hinweis darauf sein könnten, dass die oder der andere in der Eltern-Haltung ist:

- Du kommst mir vor wie ein Oberlehrer, der alles besser weiß.
- Wenn du so mit mir redest, habe ich das Gefühl, ich wäre ein kleines Kind, das nichts richtig machen kann!
- Immer hast du sofort eine Lösung, ich will aber einfach nur, dass du mir zuhörst und verstehst, wie es mir geht.
- Du siehst sofort ein armes Wesen, das du retten musst.

Eigene Empfindungen oder Äußerungen, die ein Hinweis darauf sein könnten, dass die oder der andere in der Erwachsenen-Haltung ist:

- » Wenn du von dir erzählst und dann eine Frage stellst, fühlt es sich gut an. Dann kann ich wieder durchatmen.
- » Es ist ein Gespräch auf Augenhöhe.
- » Hier geht es um zwei Standpunkte, die beide weder richtig noch falsch sind.
- » Wenn du sagst, dass du etwas willst, und das nicht automatisch bedeutet, dass wir es genau so umsetzen, sondern du wirklich wissen willst, wie es mir damit geht – dann findet ein Austausch statt. Das ist spannend.

Wenn Sie erkannt haben, welche Energien – bedingt durch Kind-Haltung, Eltern-Haltung oder Erwachsenen-Haltung – in einer Situation gerade fließen, können Sie die eigenen Reaktionen und auch die Ihres Partners wahrscheinlich gut entschlüsseln. Darauf aufbauend können Sie mögliche Wege aus Verwirrungen entdecken. Oft reicht es schon, dann aktiv nach der Erwachsenen-, Kind- oder Eltern-Haltung zu fragen. Dann sortiert sich vieles und die Ambivalenzen dürfen einfach stehen bleiben.

Therapeuten betrachten schwierige Situationen in Beziehungen häufig unter dem Aspekt der Energieverteilung. Sie erstellen dann ein »Egogramm«, wie das Modell in der Transaktionsanalyse genannt wird. In meiner Arbeit mit Patchworkpaaren bewährt sich dies immer wieder und in diesem Buch werde ich an verschiedenen Stellen auf diese hilfreiche Betrachtungsweise zurückkommen.

In Kapitel 2 geht es um die weitere Entwicklung der neuen Liebe. Zuvor wenden wir uns aber der zweiten, für die neue Liebe wesentlichen Voraussetzung zu. Wenn sich Ihr Kontakt zu Ihrem

Expartner konfliktfrei und problemlos gestaltet, sind Sie sehr wahrscheinlich gut getrennt und können den folgenden Teil des Kapitels gerne überspringen.

Die »gute Trennung«

Häufiger Anlass für Frauen und Männer, mich in meiner Praxis zur Patchworkberatung aufzusuchen, sind Einmischungen und Vorschriften seitens der Expartner. Sie erzählen dann, dass der Expartner »bösartig«, »psychisch krank« oder »dumm« sei. Der Expartner wolle dem neuen Paar »Steine in den Weg legen« und »ihm das Leben zur Hölle machen«. Das neue Paar erhofft sich dann Tipps und Tricks von mir, wie es die schwierigen Expartner aus ihrem Alltag entfernen kann. Doch eine solche Patentlösung gibt es nicht.

Der Weg zum Frieden im Alltag geht immer über die Vorgeschichte der Trennung. Diese soll allerdings – wenn es nach dem neuen Liebespaar geht – am liebsten gar nicht mehr Thema sein. Die alte Beziehung soll endlich in den Hintergrund rücken. Doch oftmals passiert genau das Gegenteil: Ungeklärtes und nicht Erledigtes drängt sich massiv in den Vordergrund: »Seine Ex bestimmt unseren Alltag!« Das stört die neue Liebe und führt zu Spannungen und Missmut.

All das sind Hinweise, dass die Trennung eines Ex-Paares nicht gut gelungen ist und noch Raum und Aufmerksamkeit des neu verliebten Mannes oder der Frau braucht. Das Ex-Liebespaar ist nicht wirklich getrennt, sondern immer noch verbunden – allerdings jetzt in verkehrter Form, in unguten Verstrickungen und oftmals hasserfüllten Verhakungen. Hören die Konflikte zwischen Ihnen und Ihrem Expartner nicht auf, fühlen Sie sich unangemessen verantwortlich oder haben Sie ständig ein schlechtes Gewissen in Bezug auf die alte Beziehung, dann sind Sie noch nicht gut getrennt.

Mindestens ein Teil des neuen Patchworkpaares kommt aus einer Trennungsfamilie. Machen Sie sich die Herausforderungen, die noch vor Ihnen und Ihrem Expartner liegen, bewusst: Ihre alte Familie wird oder ist bereits aufgelöst und gleichzeitig beansprucht sie einen sicheren Platz in Ihrem weiteren Leben und damit auch in Ihrer neuen Liebe. Daher bedarf es einer guten Sortierung, Verarbeitung und Umwandlung der alten Einheit in ein neues Gefüge. So wird die ehemalige Liebesbeziehung nicht zum Störfeuer in der Entwicklung der neuen Liebe.

Eine gute Trennung ist für die Kinder in Patchworkfamilien die beste Grundlage für ihr weiteres Aufwachsen. Oftmals läuft der Trennungsprozess parallel zu der Entwicklung der neuen Liebe ab. Hier sind also dringend klare und produktive Trennungsmechanismen gefragt:

- » Wie schaffe ich Raum für die Beziehung zu meinem Kind?
- » Wie kann die Umwandlung der alten Liebesbeziehung in eine stabile Elternbasis gelingen?
- » Wie schütze ich die neue Liebe vor unguten Verstrickungen mit der alten Liebe?

Umwandlung der alten Familieneinheit in ein neues Beziehungsgefüge

Das alte Vater-Mutter-Kind-Familiengefüge wird auseinanderdifferenziert. Die organisch entstandene Familieneinheit muss möglichst achtsam in drei Beziehungsdyaden aufgeteilt werden:

- 1. Team: Vater – Mutter
- 2. Team: Vater – Kind
- 3. Team: Mutter – Kind

Gibt es mehrere Kinder, gibt es entsprechend mehrere Beziehungsdyaden, also zum Beispiel sowohl »Vater – Kind 1« als auch »Vater – Kind 2«. Dabei gilt es besonders darauf zu achten, dass das Kind nicht mit in die Liebespaartrennung der Eltern verstrickt wird. Für diese Herausforderung ist allein das Team 1, »Vater – Mutter«, zuständig. Das Kind ist nicht verantwortlich. Es braucht jedoch für seine weitere Entwicklung dringend ein funktionstüchtiges Elternteam. Schaffen die Eltern diese Umwandlung nicht in ihrem Team, rutscht das Kind automatisch in dieses Vakuum und übernimmt oftmals emotionale Verantwortung für die einzelnen Elternteile. Im Folgenden werden die wichtigsten Herausforderungen für die Elternteile anhand eines Fallbeispiels skizziert.

Familie A. bestand aus Mutter Ida, Vater Ben und Sohn Leon (6). Ida und Ben waren seit 8 Jahren ein Paar und es schien alles in Ordnung. Bis Ben auf Idas Handy eine unmissverständliche SMS entdeckte. Ida hatte eine Affäre. Nach vielen Gesprächen und einigen Versuchen, den Vertrauensbruch wieder zu kitten, entschlossen die beiden sich zur Trennung.

1. Herausforderung: Führung der Kinder

Für Kinder ist die Trennung der Eltern oftmals die erste Krise ihres Lebens. Sie werden in ein Gefühlschaos geworfen, mit dem sie sich noch nicht auskennen. Um damit gut zurechtzukommen, brauchen sie die Führung von verantwortungsvollen Erwachsenen. Die Kinder sollten sich nicht allein eine (unbewusste) Strategie suchen müssen, wie sie mit der Katastrophe umgehen können.

Ben zog aus dem gemeinsamen Haus aus und erstmal in eine kleine Zweizimmerwohnung. Für Leon brach eine Welt zusammen, denn er wollte nicht, dass Papa auszog. In seiner Not versprach er, ab jetzt immer seine Spielsachen aufzuräumen und die Zahlen im Heft ganz ordentlich zu schreiben. Er würde auch immer den Teller leer essen und alles tun, was Mama und Papa wollten.

Kinder neigen oft dazu, sich in einer solchen Ohnmachtssituation die Schuld zu geben. Dadurch erhalten sie wieder eine Handlungsmöglichkeit: »Wenn ich schuld bin, dann kann ich es vielleicht auch wiedergutmachen!« Sie setzen also ihre ganze Energie ein, um ihre Eltern wieder glücklich zu machen. Sie entwickeln hochsensible Antennen im Hinblick auf die Bedürfnisse und (unbewussten) Wünsche der Eltern und tun alles, was in ihrer Macht steht, diese zu erfüllen. So können sie beispielsweise ihre eigene Trauer oder Wut abstellen, wenn sie spüren, dass Mama oder Papa damit nicht umgehen können. Stattdessen kümmern sie sich liebevoll um ihre Eltern und tun das, was sie glauben, was für die Eltern richtig sei und sie glücklich machen könnte.

Von den (oftmals ja selbst sehr labilen) Eltern hören viele Kinder in solchen Situationen zugleich: »Alles ist gut! Es ist nicht deine Schuld.« Die Kinder sind dann verwirrt. Glauben sie den Worten von Mama und Papa, dann zweifeln sie an ihrem eigenen Bauchgefühl: »Sie sind ja erwachsen, die müssen es wissen. Dann ist wohl mein Gefühl falsch. Es fühlt sich nämlich so an, als ob gar nichts gut sei.« Sie fangen an, ihre Energie – viel zu früh – in die Eltern-Ich-Instanz fließen zu lassen, und richten ihr Hauptaugenmerk auf andere. Sie können dem eigenen Bauchgefühl nicht mehr trauen und sind immer mehr auf die Worte der Erwachsenen angewiesen.

Bleiben Kinder bei ihrem Bauchgefühl und trauen ihrem Empfinden, dass Mama und Papa in Not sind, dann werden sie, soweit es ihnen möglich ist, alles tun, um die Eltern zu entlasten. Unbewusst sorgen sie dafür, dass die Eltern in der Lage bleiben, ihre Elternaufgaben wahrzunehmen. Sie versuchen, so wenig Stress und Arbeit zu machen, wie es geht, sie passen sich an, strengen sich an, sind still und leise und kümmern sich darum, dass alles funktioniert. Beide Strategien können Einstiege in ein Lebensmuster sein.

Kinder in Trennungssituationen haben ein Recht auf Führung und brauchen verantwortungsvolle Eltern, die diese Aufgabe bewusst übernehmen. Nur so haben Kinder die Möglichkeit, sich und ihr eigenes Gefühlschaos auszudrücken.

WAS SIE TUN KÖNNEN

Sorgen Sie gut für sich selbst und entlasten Sie damit Ihr Kind
Übernehmen Sie die Verantwortung für Ihr Wohlergehen und machen Sie das Ihrem Kind deutlich. Auch wenn der Trost Ihres Kindes guttut, seien Sie sich bewusst, dass es nicht dafür verantwortlich ist, und machen Sie ihm klar, dass es als Kind nichts in diesen Erwachsenendingen bewirken kann. Weisen Sie es liebevoll, aber bestimmt zurück! Das Kind darf darüber wütend, traurig oder erleichtert sein.

Halten Sie inne und antworten Sie Ihrem Kind ehrlich
Sagen Sie Ihrem Kind die Wahrheit und versprechen Sie nichts, was Sie nicht sicher halten können. Der Ausspruch »Alles ist gut« nimmt Ihrem Kind das Vertrauen zum eigenen Bauchgefühl. So fühlt es sich meist nämlich für Ihr Kind nicht an.

Leon sah an Mamas Mundwinkel, dass es ihr nicht gut ging. Sie lag auf dem Sofa und sah so traurig aus. Leon machte einen Tee und brachte ihn ihr. Sie freute sich und zog Leon an sich heran, dabei weinte sie. Leon nahm ihren Kopf und hielt ihn vorsichtig. Er hatte gesehen, wie Papa das auch mal gemacht hatte. So schwer es Ida auch fiel, sie besann sich und sagte zu Leon: »Mein Großer, das ist so lieb, dass du versuchst, mich zu trösten. Du merkst, dass ich traurig bin. Das fühlst du genau richtig. Aber du kannst mir nicht helfen. Das sind Erwachsenendinge, die nur Erwachsene regeln können. Und ich verspreche dir, ich kümmere mich um mich. Und ich bespreche das mit Papa. Im Moment ist jedoch alles noch schwer: für dich, für mich, bestimmt auch für Papa. Das müssen wir jetzt alle aushalten. Das tut mir leid.«

Leon war wieder verwirrt. Er konnte nichts tun? Aber es fühlte sich gut an, dass Mama so sprach. Und er freute sich sehr, als sie etwas später Oma anrief und Oma zusagte, dass er die nächsten Tage bei ihr übernachten durfte.

---

2. Herausforderung: Stabilisierung der neuen Beziehungen

Die drei Beziehungsdyaden müssen neu aufgestellt werden und jede braucht Schutz und spezifische Bedingungen, damit sie funktionieren kann. Die Vater-Kind- und Mutter-Kind-Teams brauchen – zumindest solange das Kind auf seine Eltern angewiesen ist – immer auch das Einverständnis und Wohlwollen des nicht anwesenden Elternteils. Das heißt, eine Vater-Kind-Beziehung braucht die Stabilisierung durch die Mutter und eine gelungene Mutter-Kind-Beziehung braucht die Unterstützung durch den Vater.

Doch häufig ist die wohlwollende Unterstützung des anderen Elternteils eine große Herausforderung für die Ex-Liebenden. Es gibt ja meist gute Gründe, weshalb man sich getrennt hat. Oft sind Kränkungen, Enttäuschungen, Missmut und Ärger vorherrschend. Die Elternteile kämpfen nicht nur mit dem Ende der Beziehung, sondern auch mit dem Scheitern eines Lebensentwurfes. »Vater-

Mutter-Kind« ist gescheitert und lässt Mutter und Vater nicht selten frustriert und resigniert zurück. Das mit dieser schwierigen Situation einhergehende Gefühlschaos überfordert die Betroffenen immer wieder. Die Emotionen – ob Wut, Ärger, Traurigkeit, Erleichterung oder Schuld – nehmen Vater und Mutter in manchen Situationen so sehr in Anspruch, dass sie schnell darin verfallen, einander die Schuld zuzuschieben und Vorwürfe zu machen. Die Ex-Liebenden spüren keine Verantwortung mehr für die alte Verbindung und überlassen – meistens vollkommen unbedacht und unbewusst – die Beziehungsgestaltung zu großen Teilen dem Kind oder agieren sogar gegen die Beziehung des anderen Elternteils zum Kind.

Ben war gekränkt, traurig und immer noch sehr wütend auf Ida. Wie konnte sie ihre Liebe aufs Spiel setzen? Er hätte nie gedacht, dass sie ihn so sehr verletzen könnte. Er verstand sie nicht mehr und jedes notwendige Gespräch über praktische Umsetzung der Trennung endete weiterhin in heftigem Streit. Sie beschimpften und beleidigten sich. So hatte es keinen Sinn. Also verabredeten sie eine Funkstille – zumindest in Bezug auf dieses Thema. Mithilfe einer Freundin trafen sie fürs Erste einige pragmatische Regeln für den Alltag mit Leon. Sie klärten, wann wer für ihn zuständig war, und einigten sich darauf, gut auf Leon zu achten und sich gegenseitig zu erzählen, wie es ihm bei dem jeweils anderen erging. Doch Ben merkte, dass er Ida nicht mehr vertraute und die Wut auf sie immer wieder durchkam. Es fiel ihm sehr schwer, gegenüber Leon das Bild der lieben Mutter aufrechtzuerhalten. Er wollte nicht, dass Leon bei ihr war, und überredete ihn einmal sogar, am nächsten Tag nach der Schule wieder zu ihm zu kommen und nicht, wie mit Ida verabredet war, zu ihr zu gehen. Leon war verwirrt, versprach es seinem Vater aber.

WAS SIE TUN KÖNNEN

Holen Sie sich Hilfe!
Was brauchen Sie, damit Sie Ihre eigene Gefühlssituation stabilisieren können? Die alten Enttäuschungen und Kränkungen sind trotz der neuen Liebe immer noch spürbar und lassen in Übergabesituationen oder Gesprächen die nötige Distanz und wohlwollende Perspektive schwer werden? Dann holen Sie sich Hilfe. Sie sind getrennt, Ihr Expartner ist nicht mehr der richtige Ansprechpartner für die Heilung ihrer Verletzungen. Trotzdem bedarf es eines Versöhnungsprozesses, damit Sie konfliktfrei miteinander kommunizieren können. Hier bieten Therapeuten, Beratungsstellen und das Jugendamt entsprechende Hilfen an.

Schaffen Sie Raum für Gefühle
Die Erwachsenen tragen die Verantwortung für die Beziehung im jeweiligen Elternteil-Kind-Team. Ihre Aufgabe ist es, dem Kind einen Raum zur Verfügung zu stellen, in dem es sich selbst mit seinem Gefühlswirrwarr erfahren kann, am besten in Begleitung eines verantwortungsvollen Erwachsenen.

Wenn Sie diese Aufgabe übernehmen wollen, ist es dringend notwendig, dass Sie selbst genügend Raum für die Verarbeitung und Versöhnung mit Ihrer Situation haben. Dabei können Ihnen Freunde, Familie oder Therapeuten behilflich sein. Ebenso können Großeltern oder Eltern der Freunde Ihres Kindes eine große Unterstützung in der Begleitung Ihres Kindes sein. Nehmen Sie Hilfestellungen an!

Nach Gesprächen mit Freunden wurde Ben klar, dass er Zeit und professionelle Hilfe brauchte. Er brauchte eine Haltung, die es ihm ermöglichte, Leon unbeschwert zu Ida gehen zu lassen und ihm dort wirklich eine gute Zeit zu wünschen. Im Moment war er einfach noch zu verletzt und wütend auf Ida und hatte Wut- und Rachegefühle. Er benutzte Leon dazu, um Ida zu treffen. Das war nicht gut. So verabredete er für die nächsten Wochen mit seiner Mutter, dass sie Leon freitagnachmittags bei Ida abholte, um die Situation für Leon zu entspannen.

---

3. Herausforderung: Vom Liebespaar zu liebenden Eltern
Durch die Umwandlung der Liebesbeziehung in eine stabile Elternbasis entsteht ein gesundes Fundament für die Entwicklung des Kindes. Dann kann ein Kind, ähnlich wie in einer klassischen Familie, die Erfahrung machen, dass die Eltern führen und die Verantwortung für das Kind und seine Entwicklung übernehmen.

Ben und Ida suchten Hilfe in einer Beratungsstelle. Hier wollten sie Kränkungen und Konflikte auf der Paarebene lösen oder so zuordnen, dass die Verantwortlichkeiten klar verteilt waren. Beide wollten eine liebevolle Elternschaft mit Fokus auf Leon führen.

Sie vereinbarten eine wöchentliche Übergabe-E-Mail, in der folgende Punkte behandelt werden sollten: 1. Infos aus der Schule und von Freunden, 2. Situation in der neuen Familie, 3. Leons Stimmung, 4. Fragen und Gedanken Leon betreffend, 5. Sonstiges.

Eine stabile, wertschätzende Elternbasis ist auch ein gutes Fundament für eine neue Liebe. Die alte Familie und insbesondere Ihr Kind wird immer Bestandteil Ihres Lebens sein. Also verändern Sie die ehemalige Liebesbasis so, dass sie gut und aufwandslos in Ihr Leben passt und Sie nicht mehr aufwühlt. Dann droht keine Gefahr mehr, dass Sie bei jeder Berührung mit der alten Familie aus Ihrer gegenwärtigen Situation wieder in die alte Verstrickung zurückgezogen werden.

WAS SIE TUN KÖNNEN

Vom »Du« zum »Sie«

Bringen Sie Distanz in die Beziehung zu Ihrem Expartner! Vielleicht hilft die Vorstellung, Sie würden mit einem Kollegen oder einer Nachbarin kommunizieren. Dabei ist ein höflicher Umgang selbstverständlich und eine entsprechende Distanz gegeben, die eine Kommunikation auf Augenhöhe wahrscheinlicher werden lässt. Und Sie können sicher sein, dass mehr Wertschätzung und Respekt sichtbar werden.

Ida rief an und fragte Ben, ob sie Leon für ihn vom Fußball abholen sollte. Sie wüsste ja, dass er donnerstags immer so einen Stress hatte. Ben merkte, dass Idas Entgegenkommen viele Fragen bei ihm aufwarf: Was führt sie im Schilde? Was will sie damit bezwecken? Versucht sie, mir ein schlechtes Gewissen zu machen? Er bedankte sich bei ihr und sagte, dass er sich in fünf Minuten wieder melden würde. Er holte einmal tief Luft und überlegte, wie er seiner Kollegin antworten würde, rief Ida wieder an und sagte: »Vielen Dank für dein Angebot, aber ich schaffe es gut.« Ida war etwas irritiert und normalerweise hätte sie nochmals nachgehakt. Aber ihre Frage war beantwortet und die Angelegenheit somit erledigt.

Halten Sie Kontakt zu Ihrem Expartner

» Finden Sie einen Weg, mit Ihrem Expartner in Kontakt zu bleiben. So vermeiden Sie, dass Ihr Kind die Regulation Ihrer Anspannung und Konflikte für Sie übernimmt. Sei es per

WhatsApp, per E-Mail oder Brief. Je öfter Sie – vielleicht auch eine sehr distanzierte – Kommunikation einüben, umso leichter wird sie Ihnen fallen, wenn ein intensiverer Austausch notwendig wird. Vielleicht können Sie es mit einer lästigen, jedoch notwendigen Aufgabe vergleichen, die Sie immer wieder mal erledigen müssen (Überweisungen, Steuern, Stromzähler ablesen etc.).

» Stellen Sie sich auf diese Aufgaben ein, legen Sie den Zeitpunkt, die Dauer und die Art und Weise fest. So üben Sie ein Maß an Energieaufwand ein und schützen sich vor einer Überflutung und kompletten Vereinnahmung in einer unvorhergesehenen Situation. Diese Ordnung hilft auch Ihrem neuen Partner, sich darauf einzustellen und Sie gegebenenfalls zu unterstützen oder Ihnen in diesen Zeiten Raum zu geben. So gehen Sie der Gefahr aus dem Weg, die diffuse Anspannung in Ihre Liebesbeziehung fließen zu lassen.
» Nutzen Sie einen klar geregelten Kommunikationskanal, um mit Zeit und einem höflich-distanzierten Umgang die Wunden heilen zu lassen. Üben Sie, Ihrem Expartner wie einem entfernten Bekannten zu begegnen. So stellen Sie sicher, dass sich die Wunden nicht entzünden und die Kränkungen sich nicht erneut zuspitzen.

Gestalten Sie den Trennungsalltag kooperativ

Besprechen Sie den Trennungsalltag und finden Sie eine für beide Seiten tragbare und umsetzbare Konstruktion. Hierzu bieten viele Beratungsstellen Hilfestellungen an. Vielleicht müssen Sie erst experimentieren und auch überprüfen, wie das Kind mit den Vereinbarungen, die Sie und Ihr ehemaliger Partner treffen, zurechtkommt. Gestatten Sie sich eine Übergangszeit und vereinbaren Sie immer wieder Auswertungsgespräche. Seien Sie großmütig und erlauben Sie sich gegenseitig Fehler. Es ist für alle Beteiligten eine schwierige Situation.

Absprachen, Regeln und Rituale helfen, eine neue Normalität zu finden. Sie haben die Funktion eines Gerüstes, das man braucht, wenn man ein Haus umbaut. Erst wenn die Kinder spüren, dass das Gerüst hält, können sie sich auf sich und die jeweiligen Beziehungen konzentrieren und einlassen.

---

4. Herausforderung: Integration in die neue Familie

Es ist, wie bereits beschrieben, oft ein großer Wunsch der neuen Paare, mit der Vergangenheit abzuschließen. Die Trennung war vielleicht sogar traumatisierend, sodass man sich all das, was geschehen ist, nicht wieder vor Augen führen möchte. Das ist verständlich und gleichzeitig nicht möglich. Sie sind nun Teil einer Trennungsfamilie und die Trennung ist Teil Ihres Lebens. Von daher ist es gut, diese Trennungserfahrung nicht zu tabuisieren, sondern die Perspektive darauf so zu verändern, dass sie Ihnen nützlich sein kann. Der Trennungsprozess muss nicht allein ein gewaltsames Abschneiden von Gefühlen, ein Zerstören einer Familieneinheit und erbittertes Kämpfen ums Kind bedeuten, sondern beinhaltet auch produktive Prozesse wie Separieren von Verantwortlichkeiten, Differenzieren der Situationen, Sortieren der unterschiedlichen Perspektiven, Priorisieren von Themen, Delegieren von Aufgaben oder auch das Experimentieren mit neuen Regeln und Ritualen.

Ben lernte Natalie übers Internet kennen. Sie waren wirklich im siebten Himmel und Ben hatte das Gefühl, eine Seelenverwandte getroffen zu haben. Sie schrieben und chatteten, telefonierten und waren zumindest über WhatsApp ständig in Kontakt. Und wenn Leon am Wochenende nicht da war, war meist Natalie da. Leider wohnte sie 200 Kilo-

meter weit entfernt. Sie hatte ebenfalls einen Sohn, Felix (7), war schon zwei Jahre getrennt und mit ihrem Exmann freundschaftlich verbunden. Sebastian, ihr Ex, freute sich mit ihr über ihre neue Liebe und war sehr kompromissbereit, was die Kinderzeit betraf. Das war auch nötig, denn Ida änderte öfter sehr kurzfristig die Wochenendpläne und schmiss dadurch Bens Wochenendgestaltung durcheinander.

Ben und Ida brauchten immer noch Hilfe. Es gab immer wieder Punkte, an denen beide aneinandergerieten und in unproduktives Streiten verfielen. Natalie war für Ben oft eine gute Beraterin. Sie war Kommunikationsexpertin und hatte immer gute Vorschläge, was Ben sagen und tun könnte. Ben spürte jedoch manchmal, dass es ihm in solchen Gesprächen mit Natalie eng wurde. Er fühlte sich dann wie bei Gesprächen mit Ida, obwohl es inhaltlich völlig konträre Einstellungen waren, die Ida und Natalie vertraten. Es lag an der Dynamik. Er rutschte beide Male in die Kind-Haltung und überließ seiner Partnerin die Eltern-Haltung. Durch seine Therapie und zunehmend mehr Bewusstheit in seinem Trennungsprozess konnte Ben immer mehr Energie ins Erwachsenen-Ich fließen lassen. Er bedankte sich bei Natalie und machte liebevoll deutlich, dass diese Angelegenheit seine Baustelle war und er sich darum kümmerte. Es fiel ihm anfangs schwer, jedoch verstanden mit der Zeit beide, dass Angelegenheiten im Alltag voneinander separiert, die Verantwortungen klar verteilt und abgegrenzt werden mussten. Sie nutzten die Trennungsprinzipien produktiv.

WAS SIE TUN KÖNNEN

Nutzen Sie die Trennungsprinzipien produktiv

Lösen Sie Verstrickungen auf: In einem Patchworkalltag kommt es immer wieder zu Überschneidungen von Situationen und Angelegenheiten, die nicht zusammenpassen und auch nicht zusammengehören. Ein Anruf des Expatners oder Ihres Kindes platzt in Ihre Paarzeit? Sorgen Sie vorher dafür, dass Ihre Paarbeziehung einen geschützten Raum erhält, das heißt, schalten Sie entweder vorher das Handy aus oder sagen Sie Ihrem Kind, dass Sie nicht erreichbar sind.

Gleiches gilt für die Beziehung zu Ihrem Kind oder Ihrem Expartner: Planen Sie jeweils einen sicheren Raum und Zeit ein, sodass Sie sich auf diese Angelegenheit konzentrieren können und nicht jonglieren müssen. Alles braucht seinen Raum und seinen Platz und Sie entscheiden, in welches Feld Sie gerade gehen und welches Sie für den Moment zurückstellen.

Übung: Meine Baustellen

Nehmen Sie sich ein Blatt Papier und zeichnen Sie für sich einen Kreis in die Mitte des Blattes. Dann zeichnen Sie für wichtige Menschen, Beziehungen und Kontexte, die Sie im Moment beschäftigen, ebenfalls Kreise auf dasselbe Blatt Papier. Dabei ist es wichtig, dass alles und jeder, der Ihnen wichtig erscheint, einen Platz bekommt. Wesentlich ist, dass diese Kreise sich auf dem Blatt befinden, und nicht so sehr, wie Sie zu Ihnen platziert sind. Überlassen Sie dies ruhig Ihrem spontanen Impuls.

Jetzt können Sie anfangen, die Kreise zu priorisieren. Welche Baustelle drängt am meisten und macht akut Probleme? Welche kann zurückgestellt werden? Stellen Sie sicher, dass Sie so priorisieren, dass die anderen Baustellen nicht dazwischenfunken. So wird beispielsweise augenfällig, dass Sie Ihren Liebespartner rechtzeitig informieren sollten, wenn Sie vorhaben, sich mit Ihrem Expartner zu treffen, sodass sich alle Beteiligten auf diesen Termin einstellen können. Bereits im Vorfeld können Sie über möglichen Unmut, Eifersucht oder sonstige Schwierigkeiten sprechen und sie behandeln, sodass der Termin geschützt bleibt.

Geben Sie den Terminen für Ihre neue Liebe oder Verabredungen mit Ihren Kindern den Status von wichtigen beruflichen Terminen, sodass auch sie entsprechenden Schutz bekommen. Wenn Sie merken, dass dieses Vorgehen mit anderen Erwartungen kollidiert, sprechen Sie es an; eventuell ergibt sich daraus ein neuer Kreis, den es zu berücksichtigen gilt.

Nach einem halben Jahr wollten Ben und Natalie endlich den nächsten Schritt in Richtung einer gemeinsamen Zukunft machen und zusammenziehen. Da ein Stadtwechsel für Natalie einfacher war, entschlossen sie sich, eine gemeinsame Wohnung in Köln, wo Ben und Leon bereits wohnten, zu beziehen. Felix und Leon lernten sich kennen und verstanden sich gut. Sie fanden eine große Wohnung und zogen in den Sommerferien um. Natalie fand als Architektin schnell einen Job und Felix wurde zum neuen Schuljahr in Leons Schule angemeldet. So weit, so gut.

Die beiden waren nun sehr darauf bedacht, dass die Kinder gut klarkamen und die Rahmenbedingungen stimmten. Ben hatte ein schlechtes Gewissen gegenüber Leon (da er nun sehr viel mehr Zeit mit Felix verbrachte als mit seinem eigenen Sohn). Das führte im Alltag dazu, dass er sehr viel strenger mit Felix war als mit Leon, was wiederum für Natalie schwierig war.

Auch Ida war verunsichert und fing an, Leon auszufragen. Sie konnte nicht einschätzen, welche Rolle Natalie für Leon einnehmen wollte und ging – unbewusst – in Konkurrenz.

Auch in der Schule gab es Schwierigkeiten: Leons Lehrerin bat die Eltern zum Gespräch, da Leon zunehmend Probleme mit dem Rechnen hatte.

Ben und auch Natalie malten viele Kreise auf ihre Blätter und nahmen sich vor, bei aufkommendem Unmut und Missverständnissen auf die Kreise zu zeigen, die betroffen waren. So konnten sie die Schwierigkeiten zuordnen und sortieren. Ihre Liebesbeziehung wurde so geschützt, da sie erkannten, dass die vielen Probleme sich außerhalb ihres Beziehungskreises abspielten. Es wurde deutlich, dass andere Faktoren eine Rolle spielten. So konnten sie die Themen gemeinsam konstruktiv und kreativ angehen. Sie hatten feste Termine verabredet, an denen sie sich verschiedene Kreise vornehmen und klären wollten. Notfalls auch mit professioneller Hilfe.

Die gute Trennung ist der Grundstein für Ihre neue Liebe. Investieren Sie Ihre Energie in ein solides Fundament und geben Sie damit Ihrer neuen Liebe eine Chance. Sie brauchen dazu starke Nerven, viel Geduld, Einfühlungsvermögen und Großmut. Und natürlich die Bereitschaft zur Selbstreflexion. All das lohnt sich: Sie lernen und üben wichtige Beziehungstools, die Sie auch für Ihre neue Liebe brauchen, und sorgen somit dafür, dass sich Ihre neue Beziehung entwickeln und entfalten kann. Gleichzeitig erfahren Sie so viel über die Kunst der Beziehungspflege: Dies ist nach der ersten Verliebtheit eine große Herausforderung für Frauen und Männer, die Kinder mit in eine neue Beziehung bringen. Darum geht es im folgenden Kapitel.

Zweite Phase

Zwischen Liebeszauber und Liebesmüh – Die Kunst der Beziehungspflege

Irgendwann verliert die Phase der berauschenden Verliebtheit an Energie. Es wird schwieriger, die beflügelnden Schäferstündchen im verliebten Ausnahmezustand zu organisieren. Sie kosten Kraft und der Preis dafür gerät zunehmend ins Bewusstsein. Vielleicht ist es Ihnen auch schon so ergangen? Nutzten Sie sonst die Zeit des Fußballtrainings Ihres Sohnes für innigliche Telefonate mit der Liebsten, so lässt Sie Ihr immer häufiger spürbares schlechtes Gewissen nun wieder aufmerksam beim Kicken zugucken. Haben Sie sonst an Wochentagen länger gearbeitet, damit Sie am Freitag bereits mittags die Arbeit im Büro beenden konnten, um zu Ihrem Geliebten zu fahren, ist es Ihnen nun wichtig, in der Woche wieder früher zu Hause zu sein, um alles wie gewohnt erledigen zu können. Was ist passiert? Wo ist Platz für die neue Liebe, ohne dass Sie Abstriche machen müssen bei Dingen, die Ihnen ebenfalls wichtig sind?

Die neue Liebe und ihr magischer Zauber können sich nur weiter entfalten, wenn jeder weiterhin für die Liebe, aber auch für sich in seinem bisherigen Alltag zuverlässig Raum und Zeit schafft. Und das bedeutet aktiven Einsatz, Mühe und Kraft. Dabei sind die Situationen oft so unterschiedlich, dass auch der Kraftakt sehr verschieden sein kann.

Nehmen Sie regelmäßig die im ersten Kapitel beschriebenen Zeitkuchen zur Hand. An welchen Stellen können Sie Platz einräumen? Gehen Sie als Paar in den Austausch und versuchen Sie, für beide freie und günstige Zeiten zu finden. Schaffen Sie Rituale und Regelmäßigkeiten. Geben Sie sich dabei Zeit und Raum zum Ausprobieren; so schaffen Sie eine gute Basis dafür, die Herausforderungen der zweiten Phase der Patchworkliebe gemeinsam zu bestehen. Denn wenn nun der Alltag mehr und mehr den Liebesflow der ersten Verliebtheit ablöst, braucht Ihre Beziehung aufmerksame Pflege von Ihnen beiden. Gleichzeitig treten in ersten Konflikten und Streits manche Verhaltensmuster zutage – sowohl bei Ihnen als auch bei Ihrem Partner –, die womöglich gar nicht so leicht zu akzeptieren sind. Zudem werden unterschiedliche Bedürfnisse, Wünsche und Erwartungen an die Beziehung deutlich, was Ihnen beiden viel abverlangt.

Tine und André kannten sich nun seit drei Monaten und genossen die Zeit miteinander sehr. Sie hatten beide keine großen Erwartungen aneinander und taten sich gegenseitig einfach gut. Tines Kinder Finn (16) und Leoni (18) waren sehr selbstständig, pendelten seit zwei Jahren allein zum Wohnort des Vaters und insgesamt standen alle miteinander gut und unkompliziert in Kontakt. Die Kinder freuten sich für ihre Mutter über ihre neue Liebschaft und empfanden diese als Entlastung.

Andrés Kinder waren noch kleiner, 10 und 8 Jahre alt, seine Trennung war gerade sechs Monate her und die Umgangsregelung noch nicht ganz klar. Die Kommunikation mit seiner Ex war schwierig und alles andere als konfliktfrei. Dazu kam, dass André als Architekt selbstständig war und die Hauptverantwortung für eine Menge Projekte und für seine fünf Mitarbeiter bei ihm lag.

André hatte Tines Kinder schon kennengelernt. Wenn Tines Kinder und André gleichzeitig bei Tine waren, lebten alle wie in einer großen WG zusammen – es war ein sehr angenehmes Beisammensein. Er wollte aber nicht, dass Tine seine Kinder traf, da er Angst hatte, dass seine Ex dann die Besuchszeiten der Kinder verkürzen könnte. Es gab auch so schon häufig Störungen in ihrer Liebe, wenn seine Kinder bei ihm waren: Er wechselte am Telefon mit Tine plötzlich die Tonlage und wurde abweisend, wenn die Kinder ins Zimmer kamen, Treffen wurden spontan abgesagt oder abgesprochene Vorhaben funktionierten nicht, weil er plötzlich dringend etwas Wichtiges erledigen musste. Tine hatte Verständnis und richtete sich nach diesen sprunghaften Ansagen. Manchmal brauchten sie dennoch ganz schön lange, bis sie wieder unbeschwert beisammen sein konnten.

Erste Dysbalancen: Liebeszauber braucht Liebesmüh!

Der Alltag mit den Kindern erfordert Aufmerksamkeit und Pflege – wer kümmert sich um die neue Liebe? Bisher schwebte man völlig vereint und miteinander verschmolzen durch die Tage. Doch jetzt rücken der gewohnte Alltag und die bisherigen Lebensumstände wieder in den Vordergrund und bringen Unruhe in die Liebesbeziehung. Die Verliebten sind gleichzeitig Elternteile und daher häufig hin- und hergerissen: Einerseits zieht sie alles zur neuen Liebe, aber andererseits fordern der Job, die alte Familie und besonders die Kinder ihre Berechtigung und volle Aufmerksamkeit.

Tine fühlte sich immer wieder zurückgewiesen, wenn sie anrief und André keine Zeit hatte. Also verabredeten sie, dass sie um 18 Uhr, wenn die Kinder ihre Serie schauten, miteinander telefonierten. So war die Chance auf ein paar innige Minuten größer. Außerdem sahen sie sich verlässlich immer mittwochabends, wenn seine Kinder bei ihrer Mutter waren. Tine hatte ihren Yoga-Kurs gewechselt, so-

dass sie diesen nun dienstags statt mittwochs hatte. Alle weiteren Gelegenheiten mussten sie spontan ausloten.

Jeder der beiden Verliebten hat einen eingespielten Alltag, der nun verändert werden muss, damit Platz für die neue Liebe geschaffen werden kann. Auch wenn der Wille und die Sehnsucht nach gemeinsamer Liebeszeit bei beiden gleich groß sein mag, der zeitliche und seelische Aufwand und die dafür benötigte Energie variieren von Mensch zu Mensch: Vielleicht sind die Kinder des Partners schon größer oder er hat vielleicht gar keine, die Trennung bei der Partnerin funktioniert einvernehmlicher, die Jobsituation ist beim Partner komfortabler und bietet mehr Bewegungsfreiraum und die Wohn- und Betreuungssituation ist bei der Partnerin zuverlässiger und sicherer. Oftmals stehen dann Vorwürfe im Raum: »Du willst mich nicht so oft sehen wie ich dich.«

Zur Ungleichheit der Ausgangssituationen kommen unsere ganz individuellen Eigenschaften und Wege dazu, mit der Wirklichkeit umzugehen. Was dem einen leichtfällt, ist für die andere eine große Herausforderung und umgekehrt. Sie sind es vielleicht schon immer gewohnt, für die ganze Familie alles zu managen, und es kostet Sie keine große Mühe, Job, Kinder und Haushalt und nun auch die Arbeits- und Kinderzeiten Ihres Liebsten zu koordinieren. Für Ihren Liebsten dagegen kann es eine logistische und konzentrative Herausforderung sein, neben seinen beruflichen Dingen nun auch eine Einkaufsliste anzufertigen, die Termine der Kinder im Blick zu halten und daran zu denken, dass Sie heute Ihre wichtige Prüfung haben. Der seelische Aufwand ist möglicherweise für dieselben Aufgaben um einiges höher für ihn als für Sie. Sie können sich vielleicht kaum vorstellen, dass es Ihren Liebsten viel Kraft und Überwindung kostet, einmal gemachte Termine zu verlegen und Freunden, der Familie oder auch im Job zu sagen, dass etwas dazwischengekommen ist. Für Sie ist es nur ein Telefonat, für Ihren Liebsten zusätzlich mit stundenlangem Grübeln über die richtigen Worte verbunden.

Eine Situation – zwei Perspektiven

Um die Balance halten zu können, muss also sowohl die Ausgangssituation als auch der individuelle seelische Aufwand erforscht und bewusst gemacht werden. Die Herausforderung ist also, in der gemeinsam erlebten Liebesbeziehung mindestens zwei Perspektiven zu entdecken und zu berücksichtigen.

Tines Wirklichkeit

Natürlich verstand Tine André und natürlich taten ihr seine Kinder leid. So überlegten sie gemeinsam genau, wann ein Treffen für André und die Kinder am besten passen würde. Tine hatte mehr Zeit, war viel flexibler, konnte Termine im Beruf und mit ihren Kindern leicht umorganisieren und stand André jederzeit mit Rat und Tat zur Seite, was seine Wochenendgestaltung mit den Kindern betraf. Sie hatte nach Jahren des Singleseins Lust auf das Beziehungsleben und war bereit, einiges dafür zu tun. Er hatte so viel um die Ohren, das tat ihr leid. Sie wollte ihm auch mit den Kindern helfen, aber dazu musste sie sie ja erstmal kennenlernen.

Sie verabredeten, dass Tine bei einem gemeinsamen Abendessen mit André seine Kinder nun endlich kennenlernen sollte. Doch kurz bevor sie losfahren wollte, lud André sie kurz und knapp telefonisch aus: »Es passt heute nicht!« Tine merkte direkt, dass André nicht mehr erklären konnte. »Okay …«, sagte sie und zog ihre Jacke wieder aus. Sie dachte daran, wie sehr die neue Situation seine Kinder aufwühlen musste, und konnte sich gut vorstellen, dass sie einen

Abend allein mit ihrem Vater dringend brauchten. Natürlich ging das vor und sie hatte keinen Grund, traurig oder wütend zu sein. »Alles gut!«

»Alles gut!«

Selbst wenn man Entscheidungen des Partners gut nachvollziehen kann, kann es passieren, dass einen eine Situation kalt erwischt. Man fühlt richtig, wie einem das Herz in die Hose rutscht und der Magen sich umdreht. Stimmt dann die Floskel »Alles gut!« denn noch? Wie oft kommt dieser Ausspruch reflexhaft zum Einsatz?

Tine hatte sich sehr auf diesen Kennenlernabend gefreut, denn für sie war er ein wichtiger Schritt zu einer »richtigen« Beziehung mit Zukunftsperspektive. Sie war bereit, viel zu investieren, und nahm Schwierigkeiten in Kauf. Aber jetzt fühlte sie sich wie vor den Kopf gestoßen. Ihr liefen die Tränen übers Gesicht und gleichzeitig brodelte es in ihr. Sie kam sich vor wie ein Kind, das plötzlich nicht mehr mitspielen durfte.

Diese inneren Ambivalenzen sind schwer auszuhalten: Die erwachsene Tine weiß, dass alles verständlich ist: Es gibt manchmal Situationen, in denen es nicht anders möglich ist. Gerade im Zusammenleben mit Kindern. Doch die kleine Tine in ihr ist tief getroffen und enttäuscht: Sie hatten vorher so viel darüber geredet und er hatte es ihr doch versprochen.

Was kann man in solchen Situationen tun? Wie kann hier ein achtsamer Umgang aussehen? Es hätte ja keinen Sinn gemacht, auszurasten oder eine Diskussion anzufangen. Außerdem weiß Tine ja, worauf sie sich eingelassen hat. Gleichzeitig ist die Enttäuschung da und schmerzt. Sie ist verletzt, traurig und wütend. Was passiert jetzt mit ihrer Enttäuschung? Sie merkt, wie sie Andrés

Liebe infrage stellt und sich verraten fühlt. Das hält sie nicht aus. So will sie nicht mit sich umgehen lassen.

WAS SIE TUN KÖNNEN

»Und« statt »aber«

Nehmen Sie, wie in Kapitel 1 beschrieben, Ihre inneren Ambivalenzen aufmerksam wahr. Dabei ist Folgendes wichtig: Versuchen Sie, Ihre Ambivalenzen nicht in eine Rangfolge zu bringen. Achten Sie auf Ihre Worte. Meistens verwenden wir, wenn wir versuchen, unsere Ambivalenzen zu beschreiben, eine Satzkonstruktion mit *aber*. Damit machen wir deutlich, dass der erste Teil des Satzes für uns zwar eine Rolle spielt, *aber* der zweite Teil wichtiger ist. »Der Kennenlernabend war mir wichtig, *aber* natürlich gehen die Kinder vor!« Durch die intuitive Satzkonstruktion werten wir einen Teil unserer Ambivalenz ab. Dabei haben beide Teile gleiche Berechtigung: Es gibt die große Tine *und* es gibt die kleine Tine. So ambivalent kann ein Erleben sein. Lassen Sie es einfach so stehen. Halten Sie inne!

Andrés Wirklichkeit

André hatte in der Mittagspause mit Pia, seiner Ex, telefoniert. Seine Tochter Paula (10) machte Schwierigkeiten. Sie hatte seit gestern Streit mit ihrer besten Freundin, wollte ihr die Freundschaft kündigen, nicht mehr zur Schule gehen und schloss sich in ihrem Zimmer ein. Pia machte ihm Vorwürfe, es läge an der Art und Weise, wie er sich von ihr getrennt habe. Er bekam sofort ein schlechtes Gewissen und versprach Pia, sich um eine Therapeutin für Paula zu bemühen. Anschließend ging André ins Büro zurück, wo er einen schwierigen

Termin mit einem Bauherrn hatte, den er vertrösten musste, weil seit anderthalb Wochen zwei Mitarbeiter krank waren und das Projekt zu scheitern drohte. Er beeilte sich, weil er seinen Töchtern versprochen hatte, sie an diesem Freitag bereits um 15 Uhr bei seiner Mutter abzuholen. Sie kochte an den Kindertagen für sie und André war ihr sehr dankbar dafür.

Beim Abholen forderte seine Mutter ihn dazu auf, nächste Woche zu ihr zum Essen zu kommen. Sie wollte mit ihm sprechen, denn sie hatte mitbekommen, dass er eine neue Freundin hatte, und war sichtlich nicht begeistert von der neuen Lebenssituation ihres Sohnes. Er versprach, am nächsten Samstagabend zum Essen zu kommen, und spürte, wie sich seine Muskeln anspannten.

Anschließend fuhr er mit den Kindern zum Supermarkt, um für das heutige Abendessen mit Tine einzukaufen. Als sie anfingen zu kochen, flippte Paula auf einmal aus, weil ihre Schwester die Karotte, die sie gerade geschält hatte, auf den Boden geworfen hatte. Sie schrie und schlug auf ihre kleine Schwester ein, war völlig außer sich, ehe sie weinend auf dem Sofa zusammenbrach. Dann rief er Tine an und sagte entnervt ab.

»Ich schaff das schon!«

Es gibt Tage, an denen man alle Hände voll zu tun hat, um alle Bälle in der Luft zu halten. Solche Tage sind anstrengend, erfordern höchste Konzentration und erlauben auch kein Innehalten. Kinder spüren eine solche Anspannung und kooperieren mit dem überforderten Kind-Ich des Elternteils. Sie schaffen unbewusst ein Ventil, zum Beispiel dadurch, dass sie einen banalen Konflikt provozieren und ausflippen, um die Anspannung loslassen zu können. Erst wenn die Spannung entladen ist, dürfen Tränen fließen und Entspannung kann eintreten.

André hatte in seinem Leben bisher immer alles irgendwie regeln können. Er wusste, dass er vieles möglich machen konnte, und das war ihm auch sehr wichtig. Er wollte seine Liebsten nicht enttäuschen. Seit Tagen hatten Tine und er über das erste Kennenlernen gesprochen. Und er wollte, dass Tine merkte, wie wichtig sie ihm war. Daher hatte er zugestimmt, auch wenn er dabei ein mulmiges Gefühl hatte. »Ich schaff das schon!«, hatte er sich gesagt. Nur jetzt ging nichts mehr. Er konnte das ganze Kartenhaus nicht mehr aufrechterhalten. Er hatte es nicht geschafft … Er setzte sich zu Paula, nahm seine beiden Töchter in den Arm und weinte mit ihnen. Er wusste auch nicht mehr weiter, er stand vor einem Scherbenhaufen. Seine Kinder kuschelten sich in seine Arme. So beruhigten sich die drei nach einiger Zeit. Sie sprachen kaum etwas, alle waren irritiert, aber es fühlte sich auch irgendwie gut an. Sie aßen Spaghetti, er las ihnen noch ein Märchen vor und dann schliefen sie zu dritt im großen Bett ein.

Oft kommt in einem vollgepackten Alltag zu kurz, sich selbst zu spüren, sich wahrzunehmen und Platz für wesentliche Dinge zu schaffen. Nicht nur zeitlich, sondern auch seelisch. Wenn man zudem in seinem Leben hauptsächlich die Erfahrung gemacht hat, dass das eigene Wohl vom Wohlbefinden der anderen abhängt, dann setzt man alles daran, die Erwartungen der anderen zu erfüllen. Man strengt sich an, ohne innezuhalten, ohne auf das mulmige Gefühl im Bauch zu achten und ohne sich und den anderen Grenzen zu setzen.

André spürte genau, wie er mit seinem Glaubenssatz »Ich schaff das schon!« an seine Grenzen kam. Er wollte Tine zeigen, wie wichtig sie ihm war, deshalb hielt er daran fest. Und natürlich hätte er es durchziehen können, aber er fühlte so sehr mit Paula. Es war einfach zu viel. Er konnte ihrer Forderung nicht standhalten. Er hielt es nicht mehr aus. Tine war zu einer weiteren Baustelle geworden.

Die Gefahr der schiefen Balance

Die Liebesbeziehung kommt in eine Schieflage. Die altbewährten Formeln wie »Alles gut!« oder »Ich schaff das schon!« scheinen überstrapaziert und führen in eine Sackgasse. Das kennen Sie mit Sicherheit auch aus anderen Kontexten. »Immer freundlich bleiben« funktioniert so lange, bis einem die Wut bis zum Hals steht. Und »Dein Wunsch ist mir Befehl!« kann nur gelten, solange man selbst stabil ist und sich gut fühlt. Diese Formeln helfen uns, den Alltag zu bewältigen, ohne Störmomente zu erzeugen. Nur, wenn die Situation zu heftig, der Druck zu hoch wird und wir uns überfordern, reicht die Formel nicht mehr und wir geraten meist in eine Eskalationsspirale. Es kommt zum Streit. Das, was wir im Zaum zu halten versucht haben, stürzt nun als Vorwurf auf den anderen ein.

WAS SIE TUN KÖNNEN

Bewahren Sie die Ruhe

Gehen Sie davon aus, dass schwierige Situationen und Überforderungen immer wieder unerwartet auf Sie zukommen werden und ein souveräner, gelassener Umgang in diesem Moment nicht möglich ist. Überlegen Sie sich für solche Momente einen Ruheanker, wie zum Beispiel »Tief durchatmen und bis 20 zählen« oder »Ich nehme die Situation, wie sie ist, an und reagiere später!« Je persönlicher Sie Ihren Ruheanker formulieren, umso wirksamer ist er.

Sorgen Sie für einen sicheren Rahmen

In einer solchen »Sackgassensituation« hilft es sehr, für einen sicheren Rahmen zu sorgen. Wenn Sie allein hinausgehen wollen, sagen Sie kurz und knapp, wann Sie wiederkommen. Wenn Sie wütend sind und Türen knallen müssen, kündigen Sie es an. Es gibt dem anderen das Signal, dass Sie gerade für sich sorgen müssen und keine Alternative zur Hand haben.

André hatte Tine nur noch eine kurze SMS geschrieben: »Es tut mir leid, komme wie immer Mittwoch um 19 Uhr zu dir. Alles Weitere dann!« Ein paar Tage Funkstille nach diesem Ereignis waren zwar verunsichernd, andererseits waren sie im Kontakt und hatten eine feste Verabredung in naher Zukunft. Das gab Sicherheit. Und auch ihre Liebe war noch genauso da wie vorher. Dennoch wurde Tine zunehmend ungeduldiger. Sie war unruhig und hatte sich versprochen, dass sie sich von keinem Mann der Welt mehr hin und her schubsen lassen wollte. Auch André wollte diesen Stress nicht mehr und sich nicht von noch einer Frau drängen lassen, wohin auch immer.

Meine Formel – deine Formel

Gehen Sie auf Entdeckungstour und fragen Sie sich selbst:

» Welche Prinzipien, Formeln, kurze Aussprüche nutze ich im Alltag?
» Sage ich sie bewusst oder unbewusst? Woher kommen sie? Was möchte ich damit erreichen?
» Was hilft mir dabei, mich zu regulieren?

Austausch und Perspektivwechsel

Nehmen Sie sich Zeit und erzählen Sie sich gegenseitig Ihre Geschichte aus Ihrer jeweiligen Perspektive. Lassen Sie dabei den anderen ausreden und hören Sie nur zu. Welche Formel erkennen Sie bei Ihrem Liebsten? Versetzen Sie sich in seine Lage und fühlen Sie mit, wie es sich in dieser Position mit dieser Formel anfühlt. Dabei ist es wichtig, dass Sie für diesen Moment Ihre eigene Version der Geschichte zurückstellen und sich selbst in der Version Ihres Liebsten als seine neue Liebe in dritter Person betrachten. Das sorgt für den nötigen Schutz, um sich nicht angegriffen zu fühlen. Tine könnte also fragen: »Und weil du immer alles schaffst, hast du versucht, es deiner Ex, deinen Kindern und deiner Mutter recht zu machen. Und weil du deine neue Liebe so sehr liebst, wolltest du es ihr auch noch recht machen?«

Wenn es Ihnen gelingt, durch ein solches Gespräch beide Standpunkte zu verstehen und die Grenzen Ihrer beiden Muster und Persönlichkeiten auszuloten, dann kommt Ihre Beziehung wieder in Balance. Sie können sich dabei auf Ihre seelische Selbstbehandlung und Ihre Liebe verlassen, die nun genügend Freiraum hat, wieder ins Fließen zu kommen. So entwickelt sich bei jedem Konflikt langsam, aber sicher ein stabiles Fundament für Ihre Liebe, das beiden gerecht wird.

Feiern Sie Versöhnung und entwerfen Sie einen Konfliktplan

André freute sich auf Tine und war gleichzeitig aufgeregt, weil er nicht einschätzen konnte, wie sie ihm begegnen würde. Sie öffnete die Tür und sie fielen sich in die Arme und freuten sich. Gleichzeitig liefen die Tränen. Liebevoll und achtsam erzählten sie sich ihre Geschichten und beschlossen, sich Hilfe zu holen. Dann feierten sie inniglich ihr Wiedersehen.

Vorschläge für einen Umgang mit Konfliktsituationen

- Die Situation sichern: André hielt trotz der Irritationen an der vereinbarten Absprache fest und erinnerte Tine mit der SMS daran. Das entspannte die Situation ungemein. »Wir sind beide irritiert *und* es geht weiter wie verabredet.«
- Gönnen Sie sich und Ihrem Partner wohlwollend eine Auszeit!

» Vermeiden Sie Vorwürfe.
» Akzeptieren und respektieren Sie die andere Perspektive!
» Sammeln Sie Lösungsvorschläge und verhandeln Sie!
» Holen Sie sich Hilfe.

In der Beratung konnten beide sehen, dass sie an das Limit ihrer alten Formeln gelangt waren. Jeder versprach sich und dem anderen, achtsamer mit sich umzugehen und rechtzeitig auf solche Gefahren aufmerksam zu machen. Sie verabredeten, jede Woche einen Paar-Spaziergang zu machen, bei dem sie sich über die individuellen Gefahren der Überforderung ihrer Liebe austauschen und informieren wollten. Die Krise der beiden war bald überwunden und ihre Verliebtheit war sichtbar wieder in vollem Gange.

Unbewusste Muster werden sicht- und spürbar

Am Anfang einer neuen Liebe sind Konflikte und Enttäuschungen ein Geschenk – auch wenn sie sich ganz anders anfühlen. Vielleicht hilft Ihnen diese Sichtweise, sie besser für sich zu nutzen. Konflikte weisen auf Hürden hin, die es zu bewältigen gilt. Jedes Stolpersteinchen kann auf wichtige Aspekte in Ihrer Beziehung hinweisen und es lohnt sich, sich Zeit dafür zu nehmen, um sich selbst und den Liebsten richtig zu verstehen. Es soll ja schließlich eine Beziehung sein, in der Sie sich mit all Ihren Eigenheiten, Erfahrungen und allen Facetten Ihres Erlebens wohlfühlen können. Also, seien Sie aufmerksam! Achten Sie auf Ihre Besonderheiten und die Ihrer Liebe. Gönnen Sie sich ein behutsames Betrachten Ihrer Formeln und der damit zusammenhängenden Beziehungserfahrungen. Sie sind wichtige Bestandteile für das Fundament Ihrer Beziehung!

In der Realität läuft es oft anders. Natürlich, das kennen wir alle! Selbst wenn es gelingt, ein Missverständnis auszuräumen, folgt bald die nächste Unstimmigkeit oder der nächste Konflikt. Schnell gerät man in Streitereien und hört sich sagen: »Wenn du das anders machen würdest, hätten wir kein Problem!« oder »Stell dich nicht so an, deine Reaktion ist wirklich übertrieben!« Wenn sich solche Konflikte wiederholen oder oftmals um dasselbe Thema kreisen und sich nicht leicht lösen lassen, ist das ein Hinweis darauf, dass etwas anderes dahintersteckt. Oft liegt hierbei eine Verstrickung vor: Die jetzige aktuelle Streitsituation erinnert an eine frühere Streitsituation, die vielleicht ein paar Monate, vielleicht ein paar Jahre oder sogar Jahrzehnte zurückliegt. Und nun mischt sich die Energie dieser damals ungelösten Situation mit in die aktuelle und verschärft die Reaktion.

Anne hatte die Liebe ihres Lebens gefunden. Mit ihrem Liebsten Paul verstand sie sich wunderbar. In der Viererkonstellation mit Pauls Kindern (Leon, 9, und Sofie, 6) dagegen war es schwierig. Anne fand, die Kinder wurden zu sehr verwöhnt. Außerdem hatten sie schlechte Manieren und waren rücksichtslos. Paul liebte seine Kinder über alles und war in ihren Augen mehr als fürsorglich zu ihnen. Er hatte ein schlechtes Gewissen gegenüber seinen Kindern und war daher schnell bereit, ihnen alle Wünsche zu erfüllen. Es gab immer wieder Konflikte wegen der Kinder.

Die junge Liebe wird irritiert durch Konflikte und Auseinandersetzungen. Die Liebenden gehen auf Distanz, doch nach sehr kurzer Zeit sehnen sie sich wieder nach Nähe, gehen aufeinander zu und arrangieren sich. Situationen und Reaktionen werden relativiert und die eigenen Befindlichkeiten rücken in den Hintergrund. Schließlich liebt man sich doch und ist bereit, alles zu tun, damit sich der Liebeszauber wieder einstellt.

Seit einem Jahr hatten Anne und Paul sich nun halbwegs arrangiert. Es gab zwar immer mal wieder anstrengende Situationen zu viert, aber meist war es so, dass Anne in ihrer kleinen Wohnung war, wenn Paul Kindertage hatte. Sie hatte eingesehen, dass sie im Zusammensein mit den Kindern für Paul immer hintanstehen würde. Er setzte die Kinder immer an die erste Stelle. Heute stand ein von Paul lang ersehnter Familienausflug zu viert an. Anne hatte Paul versprochen, sich der ganzen Familiensituation wieder anzunähern. Zu zweit hatten sie besonders in den letzten Wochen eine sehr innige Zeit verbracht. Anne hatte sich vorgenommen, alles mitzumachen und Pauls Rangfolge zu akzeptieren. Heute waren sie im Museum gewesen, die Kinder hatten wenig Ausdauer, also gingen sie nur wenig später dort ins Restaurant. Nun waren sie auf dem Spielplatz, als Paul einen wichtigen beruflichen Anruf erhielt und sich ins Auto setzte, um ungestört telefonieren zu können. Er signalisierte Anne kurz, dass sie ein Auge auf die Kinder haben sollte. Sie wurde nervös, weil sie jetzt die Verantwortung für die beiden hatte. Da fingen Leon und Sofie an, sich zu streiten. Leon schubste Sofie von der Schaukel. Anne war angespannt, schließlich musste sie nun für Ruhe und Sicherheit sorgen. Sie schrie Leon an. Als sie sah, dass Sofie sich darüber freute, schrie sie Sofie auch an und befahl beiden, sich neben sie auf die Bank zu setzen. Beide lachten sie aus. Anne verlor die Kontrolle und wusste nicht mehr, was sie tun sollte. Sie fühlte sich vorgeführt und verraten. Sie fasste beide am Arm, war sehr darauf bedacht, ihnen dabei nicht wehzutun, und brachte sie zur Bank. Beide Kinder waren sichtlich irritiert und verunsichert. Sie waren erschrocken und setzten sich hin.

Gemeinsam warteten sie auf Paul – keiner sagte ein Wort; die beiden Geschwister flüsterten sich vorsichtig etwas zu, das Anne nicht verstand. Als Paul ein paar Minuten später wiederkam, rannten beide Kinder auf ihn zu, fingen an zu weinen und erzählten ihm, wie doof Anne gewesen war und wie weh sie ihnen getan hätte, als sie sie auf die Bank gezerrt hatte. Paul nahm beide Kinder in den Arm und tröstete sie.

Anne konnte es kaum fassen. Paul sah sie noch nicht einmal an. Er glaubte seinen Kindern und fiel ihr in den Rücken. Sie fühlte sich absolut ungerecht behandelt. Sie war sauer, traurig, fühlte sich verraten. Alles zugleich. Sie spürte, wie die Wut in ihr hochstieg …

Diese Szene beschreibt eine typische Patchworkfalle. Die Liebste tut etwas für ihren Liebsten: Sie tut das, was sie meint, was ihr Liebster von ihr erwartet, und versucht, es mit viel Energie und Liebe auszuführen. Bewusst oder unbewusst hat sie dabei die Erwartungshaltung, dass ihre Anstrengung doch entsprechend honoriert und wertgeschätzt werden müsste. Dass ihr Liebster sehen und spüren müsste, wie sehr sie ihn liebt, sie nur deshalb über ihren Schatten gesprungen ist und seine Kinder beherzt zurechtgewiesen hat. Und er müsste ihr dankbar sein, sie herzen und küssen und sie dafür noch mehr lieben. Doch diese Erwartung wird enttäuscht. Im Gegenteil, der Liebste fällt ihr in den Rücken und wendet sich komplett den »dreisten und linken Kindern« zu. Die Liebe ist enttäuscht und Traurigkeit, Schmerz und Ratlosigkeit machen sich breit.

Anne spürte die Wut und fing an zu weinen, gleichzeitig brüllte sie laut los und beschimpfte die Kinder und Paul. Dann lief sie einfach weg.

Märchen als Bilder für seelische Konflikte: Böse Stiefmutter und Aschenputtel

Oftmals erinnern Erzählungen der neuen Stiefmütter an das Aschenputtelmärchen. Im Märchen kommt Aschenputtel in eine bereits bestehende Familieneinheit hinein und erhält Arbeitsaufträge. Aschenputtel strengt sich an, will alles perfekt erledigen, damit sie zum Hochzeitsfest gehen kann. Sie schafft es zwar, Unmögliches möglich zu machen, alle Aufgaben zu erfüllen, darf jedoch nicht zum ersehnten Hochzeitsfest. Im Gegenteil, sie wird von der bösen, ungerechten Stiefmutter abgestraft und soll noch mehr arbeiten.

Allerdings sind in solchen Situationen, wie Anne sie erlebt hat, die Stiefmütter diejenigen, die sich völlig zu Unrecht bestraft fühlen.

Anne fühlte sich ausgeschlossen und absolut ungerecht behandelt. Nur Paul zuliebe war sie zum Ausflug mitgekommen. Dass die Kinder sie so ärgerten, hatte sie nicht anders erwartet. Aber dass nun Paul erst diese »frechen, dreisten Gören« tröstete und ihr den Rücken zukehrte, war so kränkend und demütigend für sie, dass sie es nicht mehr aushielt. Sie hatte sich so angestrengt und wollte den Streit schlichten, für Ruhe sorgen, die Kontrolle über das Geschehen behalten, wollte durch Fleiß und Gehorsam die Situation retten – wie Aschenputtel. Es hatte nicht funktioniert. Anne hatte keine Energie mehr für einen verständnisvollen Blick auf die Kinder und nahm einzig und allein die Ungerechtigkeit wahr, die ihr widerfahren war.

In beiden Geschichten haben die Frauen ein klares Ziel. Aschenputtel will auf das Hochzeitsfest, Anne sehnt sich nach einem gemeinsamen Leben mit Paul und gibt seinem Wunsch, Zeit zu viert zu verbringen, nach, um ihre Liebe zu stärken: »Ich tue was für dich – ich sorge für deine Kinder –, damit du etwas für mich tust: Du gibst mir mehr Sicherheit und Liebe.« Um ihr Ziel zu erreichen, strengen die Frauen sich an, wollen es dem Gegenüber recht machen, damit sie die sehnsüchtig erwartete Belohnung bekommen. Und dann geschieht etwas ganz anderes als erwartet.

Die Seelenebene der Märchen

Märchen funktionieren auf mehreren Ebenen. Sie haben bestimmt ein oder zwei Lieblingsmärchen aus Kindertagen im Kopf. Vielleicht können Sie die Märchengeschichte in groben Zügen nacherzählen und haben vielleicht noch die »Moral von der Geschicht« im Kopf? Das ist die Geschichtenebene, die chronologisch Geschehnissen folgt. Im therapeutischen Kontext spielen Märchen jedoch noch eine andere Rolle. Sie spiegeln wichtige Lebensthemen der Menschen und wirken unbewusst auf die Psyche ein. Auf dieser Seelenebene wird die Chronologie aufgehoben und es wirken die verschiedenen Märchenbilder. Bisher bietet uns das Aschenputtelmärchen zwei Bilder: Aschenputtel, das sich anstrengt und es gut machen will, und die böse und ungerechte Stiefmutter, die abstraft.

Auf der chronologischen Ebene der Märchengeschichte agieren unterschiedliche Figuren (Menschen, oft auch Tiere oder Zauberwesen). Auf der Seelenebene jedoch sind alle Märchenfiguren Anteile oder Instanzen einer einzigen Persönlichkeit, zum Beispiel unserer eigenen. Aschenputtel ist der Anteil in uns, der gelernt hat, sich den Erwartungen der anderen zu fügen, um dafür Anerkennung und Zuwendung zu bekommen. Die böse Stiefmutter ist der strenge Anteil in uns, der uns oder die anderen abwertet und ruft: »Stellt euch nicht so an!« Oder: »Streng dich mehr an!« Oder: »Du bist nicht so wichtig!«

Anne fühlt sich einerseits wie Aschenputtel, denn sie glaubt, dass nur, wenn sie Pauls Erwartungen erfüllt, sie ihre Sehnsüchte und Bedürfnisse an erste Stelle stellen darf. Andererseits hört sie auch die Stimme des Stiefmutteranteils in sich, der durch die Reaktion von Paul noch verstärkt wird: Sie strengt sich an und fühlt sich direkt danach abgewertet. In den Augen der anderen wird sie, wenn sie nun anfängt, sich zu verteidigen, selbst zur bösen Stiefmutter, indem sie die Kinder oder Paul abwertet. »Die Kinder haben ein böses Spiel mit uns gespielt und du fällst drauf rein. Siehst du nicht, wie dreist und link sie sind?« Die Distanz in der Liebeseinheit wächst und bedroht die Liebe. Was tun? Wie stellt man nun Nähe wieder her?

Märchen können als Ratgeber für einzelne Lebenskomplexe fungieren. Sie enthalten immer auch die Lösungsschritte. In der Verzweiflung taucht ein weiteres Bild im Märchen auf: Als Aschenputtel merkt, dass sie mit ihrer anstrengenden und fleißigen Sortierstrategie keinen Erfolg hat, läuft sie zum Grab ihrer Mutter und weint. Und siehe da, die Tränen bringen den Haselstrauch ihres Vaters zum Wachsen und schon fallen die schönsten Kleider vom Baum. Diese braucht Aschenputtel schließlich, um zum Fest zu gehen.

Anwendung der Märchengeschichte auf die konkrete Situation

Wie ist das bei Anne? Anne läuft ebenfalls weg und ist wütend, auch ihr laufen die Tränen die Wangen hinunter, aber sie spürt nur ihre Wut auf die Kinder. Schließlich erklärt sie den Versuch des Familienausflugs für gescheitert und will nichts mehr mit den Kindern zu tun haben. Ihre Energie ist nun voll im Stiefmutteranteil und sie sieht sich selbst als Buhfrau.

Je nach Stärke und Intensität der Enttäuschung kann eine solche Szene die Liebesbeziehung durchaus bedrohen und dazu führen, dass das neue Paar sich wieder trennt. Die Schuld wird dann dem Liebsten, aber noch häufiger den Kindern oder der komplexen Patchworkkonstruktion gegeben: »Wir haben uns geliebt, aber da konnten wir nichts machen!« So verabschiedet sich das Liebespaar oftmals versöhnlich.

Das Märchen zeigt allerdings mit dem Bild am Grab der Mutter noch eine andere Möglichkeit auf. Aschenputtel weint und lässt ihre Tränen auf fruchtbaren Boden fallen. Dadurch entwickeln sich neue Möglichkeiten. Sie bekommt die schönsten Kleider fürs Fest. Anne weint zwar auch, doch hat ihre Traurigkeit kaum Platz. Anstatt innezuhalten, die Traurigkeit über die unglückliche Situation zuzulassen und Mitgefühl mit sich zu haben, beschimpft und beleidigt sie Paul und die Kinder. Damit verhindert sie die Entwicklungschance, die ihr ihre Tränen geben.

In der Patchworkberatung nehme ich in solchen Situationen gemeinsam mit den Leidenden nun die Trauer in den Blick und versuche dafür Platz zu schaffen. Was sagen die Tränen? Dieses Gefühl, ungerecht behandelt zu werden – was ist das? Woher kommt das? Womit hängt das zusammen?

Dabei ist das Entscheidende, Raum zu schaffen für die Tränen und sie fließen zu lassen. Dann kann sich die Trauerpower entfalten und ungeahnte Wege tun sich auf. Wenn Sie Verantwortung für sich und Ihre Betroffenheit übernehmen, mit sich fühlen und sich eingestehen, dass das eine schwierige Situation war und ist, dann dürfen die Kinder und Ihr Partner auch mal zurücktreten. Sie sind überfordert, wurden im Stich gelassen. Das tut weh und braucht Ihre ganze Konzentration. Wie Sie ein kleines Kind in den Arm nehmen und trösten würden, so brauchen Sie das nun von sich selbst. Ihr Liebster ist dafür nicht verantwortlich. Nur wenn Sie (unbewusst) erwarten, dass er sich kümmern und verantwortlich fühlen müsste, dann trifft Sie die Reaktion Ihres Liebsten sehr.

Anne wusste schon am selben Abend, dass sie übers Ziel hinausgeschossen war. Paul wollte mit ihr allein nicht darüber reden, sondern forderte eine Beratung ein. In der Beratung wurde deutlich, wie sehr Anne sich – unausgesprochen – auf einen Handel eingelassen hatte: Ich tue was für dich, damit du etwas für mich tust. Und dieser Handel ist für sie nicht eingehalten worden.

Paul hat die Situation anders erlebt: Er hatte alle Anforderungen Annes erfüllt. Sie fuhren nicht über Nacht weg, sondern in ein Museum, in das Anne als Kind schon so gerne gegangen ist. Sie war überzeugt, dass das allen Kindern gefallen müsste. Sie einigten sich darauf, dass sie anschließend auf einen großen Erlebnis-Spielplatz gingen, wo die Kinder sich austoben konnten. Danach vielleicht Pizza essen. Doch es zog sich im Museum so lang, dass sie ausschließlich dort im Café aßen. Als sie auf dem Spielplatz ankamen, war Anne enttäuscht, dass die Kinder nicht völlig euphorisch waren. Sie hatte schlechte Laune und verhielt sich wie ein drittes, sehr bockiges Kind. Er fand eigentlich, dass seine Kinder das ganz gut gemacht hatten. Dann kam der Anruf und es eskalierte. Er fand, Anne hätte sich einfach zusammenreißen können. Die Kindereien nicht so ernst nehmen und die Situation wegatmen. Das tat er auch ständig für sie. Er war sauer, bemerkte aber bei sich den Impuls, die Wut hinunterzuschlucken und es für Anne gut zu machen.

Auch Paul hatte das Gefühl, viel für Anne getan zu haben. Die ganze Planung hatte er auf sie ausgerichtet. Dafür wollte er nur, dass es »einfach mal schön« würde. Sein Handel war ebenfalls enttäuscht worden. Paul ist der Verlauf der Situation auch nicht fremd: Er tut alles, was seine Geliebte will, damit er (und seine Kinder) von ihr akzeptiert werden.

In der Patchworkberatung wurden nun zwei Einzeltermine vereinbart. Anne und Paul machten spannende Entdeckungen.

Anne erkannte für sich das Aschenputtelmuster: Sie versucht, Liebe zu bekommen, indem sie die Erwartungen anderer erfüllt und in der Hoffnung, dass die anderen dann ihre Bedürfnisse ebenfalls erfüllen.

Paul fand sich im Froschkönigmuster wieder: Im Märchen rettet der Frosch für die Prinzessin die Welt, indem er die Kugel aus dem Brunnen holt. Damit handelt er sich das Recht auf Liebe beziehungsweise Gesellschaft ein. Er darf bei ihr sein, aber sie lässt es nur widerwillig zu.

Pauls Froschanteil sprang immer wieder in den Brunnen, er strengte sich immer wieder sehr an und versuchte die Situation so zu gestalten, dass die Vorstellung seiner Liebsten erfüllt war. Dafür erwartete er einen festen Platz an ihrer Seite – mitsamt seinen Kindern.

Es gibt natürlich weitere Märchenmuster, vielleicht fällt Ihnen zu Ihrer Situation auch ein Märchen ein? Fühlt es sich manchmal so an, als ob Sie wie Rotkäppchen vom Wolf gefressen worden wären? Oder haben Sie den Eindruck, Sie müssten wie der Wolf ständig Kreide fressen, um überhaupt Einlass zu den Geißlein zu erhalten? Spüren Sie manchmal Ihre Wut und könnten sich wie Rumpelstilzchen in Stücke reißen, obwohl Sie doch immer die Situation gerettet haben? Kommen Sie sich vor wie das arme Schneewittchen, das ständig bedroht und in Gefahr gebracht wird? Welche Figur gefällt Ihnen in Ihrem Märchen am besten? Und welche so gar nicht? Das sind spannende Auseinandersetzungen, weil alle Figuren Anteile von Ihnen sind.[4]

WAS SIE TUN KÖNNEN

Halten Sie inne

Nehmen Sie wahr, wie es Ihnen gerade geht. Was ist passiert? Beschreiben Sie die Situation mit Ihren Worten, möglichst ohne Bewertung. Versuchen Sie dabei im Hier und Jetzt zu bleiben!

Geben Sie sich selbst Rückendeckung

Ist Ihnen eine Ungerechtigkeit widerfahren, so übernehmen Sie Verantwortung für Ihre Betroffenheit. Bleiben Sie bei sich und haben Sie Mitgefühl mit sich selbst! Akzeptieren Sie, dass das gerade eine schwierige Situation für Sie ist! Lassen Sie sich nicht allein, sondern nehmen Sie sich in Gedanken in den Arm und trösten Sie sich, wie Sie Ihre beste Freundin trösten würden. Lassen Sie Traurigkeit und Tränen zu!

Öffnen Sie Ihren Herzraum

Bewerten Sie nicht. Lassen Sie alle Impulse einfach da sein, nehmen Sie sie wahr und akzeptieren Sie sie. Vielleicht hilft Ihnen die Vorstellung eines großen Familientisches, an dem alle Ihre Impulse Platz haben. Und es sind noch einige Plätze frei für die Impulse Ihres Liebsten. Auch die dürfen in Ihrem Herzraum ohne Bewertung einfach da sein. Doch im Moment stehen Ihre Impulse noch im Mittelpunkt!

Die Gefahr der Konkurrenzfallen

In der ersten Verliebtheitsphase haben die Verliebten in der Regel nur Augen für sich als Liebespaar und sind jeweils füreinander der

Mittelpunkt des Geschehens. Die Frage nach dem sicheren Platz an der Seite des Partners stellt sich nicht. Doch innerhalb eines Patchworkgefüges ist dies nicht immer so einfach. Nach den ersten Erfahrungen innerhalb der neuen Familienkonstruktion wird deutlich, dass der Platz an der Seite des Liebsten nicht immer selbstverständlich ist. Fragen kommen auf und bieten Konfliktpotenzial: Wo ist mein Platz? Welche Rolle spiele ich? Welchen Stellenwert nimmt unsere Liebe in unserer neuen Familie ein? Häufig treten dann Konkurrenzgedanken auf, die schnell in eine echte Patchworkfalle führen können.

Die Prinzen- und Prinzessinnenfalle

Als Sie sich in Ihre Liebste verliebt haben, wussten Sie vielleicht bereits, dass sie Mutter ist? Vielleicht haben Sie sie sogar direkt als solche im Kindergarten mit ihrem Kind erlebt? Oder ist Ihre Verliebtheit noch größer geworden, als Sie Ihren Liebsten über seine Kinder haben sprechen hören und dachten: »So ein toller Vater …!«? Fakt ist, Ihr Liebster ist Vater oder Ihre Liebste ist Mutter. Natürlich nicht Ihre Mutter. Rational ist es Ihnen ganz klar. Und trotzdem gibt es in jeder Liebesbeziehung genau diese Ebene, wo Sie sich von Ihrem Partner die väterliche Aufmerksamkeit und Rückendeckung wünschen oder die liebevoll tröstenden Worte und lobende Handauflegung Ihrer Partnerin. Diese Ebene ist Teil einer jeden Liebesbeziehung. Sie erleben Situationen, in denen Sie sich die volle Aufmerksamkeit Ihres Partners wünschen, Ihnen die Kinder aber zuvorkommen. Sie erleben, wie Ihre Liebste diese Rabauken wie Prinzen und Prinzessinnen behandelt und Sie zu Verständnis und Rücksicht ermahnt. Ehe Sie sich klarmachen können, was in solchen Momenten mit Ihnen los ist, ist es schon passiert: Sie buhlen mit dem Sohn Ihrer Liebsten um die Gunst der Mama. Oder Sie wundern sich, warum Sie – obwohl Sie eigentlich kein eifersüchtiger Mensch sind – es unerträglich finden, wenn seine kleine Tochter es immer wieder schafft, Ihren Liebsten um den Finger zu wickeln, und Sie immer nur hören: »Du bist doch die Erwachsene, dafür hast du doch bestimmt Verständnis!«

Sie sitzen in der Prinzen- und Prinzessinnenfalle! Sie gehen mit den Kindern auf der Kind-Ich-Ebene in Konkurrenz. Ihr Kind-Ich-Anteil fühlt sich zurückgesetzt, nicht gesehen oder über die Maßen beansprucht. Und anstatt Lob und Rückendeckung zu erhalten, werden Sie nun zu Verständnis und Rücksicht angehalten. Das ist aus der Kind-Ich-Perspektive oftmals unerträglich!

Die Elternfalle

Eine weitere Art, mit einem unsicheren Platz im Familiengefüge umzugehen, ist eine Elternteil-Rolle einzunehmen. Wenn Sie spüren, dass Sie im Beisein der Kinder nicht in der unbeschwerten Liebespaareinheit bleiben können, suchen Sie sich automatisch einen neuen Platz. Vielleicht spüren Sie die Anstrengung Ihrer Geliebten, ihre Kinder zu disziplinieren, und wollen ihr helfen. So springen Sie ihr unbewusst zur Seite und geben Ihre Energie in Ihr strenges Elternteil-Ich. Doch auf Ihr als Unterstützung gedachtes »Da hat deine Mutter recht …« hören Sie dann ein »Du hast mir gar nichts zu sagen« oder »Halt dich da raus«. Und schon sind Sie in die Elternfalle getappt!

Es kann sein, dass Ihre Partnerin Ihre Hilfe zunächst dankend annimmt und die Gelegenheit nutzt, um aus der Anstrengung der Disziplinierung herauszutreten. Jedoch es wird spätestens dann zu Unmut und Streit führen, wenn Sie ihren Sohn oder ihre Tochter kritisch und bestimmt zur Ordnung rufen. Die Energie Ihrer Geliebten ist dann augenblicklich wieder im Eltern-Ich und Sie geraten mit Ihrer Liebsten in einen Machtkampf. Wer darf bestimmen? Wer hat mit seinen Erziehungsmethoden recht? Wer weiß besser, ob das Verhalten des Kindes ungezogen, übertrieben oder boshaft war? In dieser Eskalation werden Sie als Stiefelternteil immer den Kürzeren ziehen. Sie sitzen in der Elternfalle!

WAS SIE TUN KÖNNEN

Raus aus der Falle: Selbstfürsorge

Ihre Partnerin fühlt mit ihrem Kind und empfindet die Ungerechtigkeit, die diesem gerade widerfährt, mit. Vielleicht macht sie sogar Ihr Verhalten dafür verantwortlich und Ihnen Vorwürfe. Ihr ist es gerade nicht möglich, mit Ihnen zu fühlen und Ihnen Rückendeckung zu geben. Das trifft Sie womöglich sehr. Lassen Sie sich in einer solchen Situation nicht allein! Sprechen Sie mit dem kleinen Jungen oder dem kleinen Mädchen in Ihnen. Gehen Sie in einen inneren Dialog und spüren Sie nach, was *Ihr* Prinz- oder Prinzessinnen-Anteil gerade braucht! Gehen Sie aus der Situation heraus und nehmen Sie sich Zeit für sich und Ihre Bedürfnisse.

Was brauchen Sie, damit Sie sich wieder in Balance bringen können? Was ist passiert? Der von Ihnen empfundene Liebesentzug hat Ihre Liebeseinheit nachhaltig irritiert, Sie vermissen die Aufmerksamkeit und Fürsorge Ihres Partners. Nehmen Sie Ihr Bedürfnis wahr und übernehmen Sie die Verantwortung dafür. Ihr Partner ist nicht für Ihre Bedürfnisse verantwortlich. Kümmern Sie sich um Ihr Bedürfnis, lassen Sie es sich gut gehen und fragen Sie Ihren Partner, wann Sie dieses Thema gemeinsam besprechen können. Vielleicht findet er Ihre Me-Time oder Prinzessinnenauszeit so attraktiv, dass er gerne daran teilhaben will. Achten Sie dann auf Ihre Bedürfnisse und überlegen Sie genau, wie das gelingen könnte.

Belohnen Sie sich!
Dieser traurige oder wütend-trotzige Kind-Ich-Anteil, den Sie gerade so deutlich spüren, ist ein wichtiger Part Ihres Wesens und vielleicht sogar eng verbunden mit der Quelle für Ihre Liebe, Lust und Leidenschaft. Im Moment allerdings ist er nicht liebestoll, sondern gekränkt.

Richten Sie Ihre Aufmerksamkeit auf dieses gekränkte Kind-Ich in Ihnen und trösten Sie sich. Wie könnte das aussehen? Wie hat Ihre Mutter Sie früher als Kind getröstet? Oder was haben Sie sich als Kind gewünscht? Vielleicht hilft ein heißer Kakao? Oder ein Vollbad mit Ihrer Lieblingsmusik? Manchmal ist die Situation auch schon gut geklärt und Sie sind trotzdem noch bedrückt und enttäuscht. Dann brauchen Sie vielleicht noch einen Verarbeitungsprozess – warum backen Sie nicht Ihren Lieblingskuchen und gehen dabei ganz behutsam und achtsam mit sich und den Zutaten um? Spätestens beim leckeren Duft des Kuchens aus dem Backofen wird es Ihnen besser gehen.

Durch solche Konflikte erhalten Sie immer wieder die Chance, sich klarzumachen, was Sie brauchen, um unbeschwert sein zu können. Übernehmen Sie die Verantwortung für sich und gönnen Sie sich etwas Besonderes! Schließlich haben Sie gerade eine für Sie schwierige Situation erlebt, die komplexe, vielleicht als negativ empfundene Gefühle heraufbeschworen hat. Und Sie sind dabei, sie anzunehmen und auszuhalten. Gönnen Sie sich eine Belohnung. Nur so erleben Sie, dass darin auch ein Schatz liegen kann.

Vielleicht gehen Sie auch in einen inneren Dialog mit sich und erforschen Möglichkeiten, wie Sie mit schwierigen Situationen umgehen können, ohne dass Sie sich zurückgesetzt fühlen. Spüren Sie genau hin, wie die tröstenden Worte, die Sie wählen, auf Sie wirken. Geben Sie sich Rückendeckung und lassen Sie sich selbst nicht allein.

Spitzen Sie die Situation zu, überzeichnen Sie sie!
Machen Sie sich Ihre Ansprüche und Erwartungen, die Sie in dieser Situation hatten, bewusst. Vielleicht beschreiben oder malen Sie die erlebte Szene als Karikatur. Übertreiben Sie ruhig. Das ist manchmal sehr hilfreich dafür, Ihren Kind-Ich-Anteil zu verstehen und ihm Berechtigung zu geben.

In einem zweiten Schritt könnten Sie sich vorstellen, wie Ihr Erleben wäre, wenn Sie die Ansprüche und Erwartungen nicht an Ihren Partner, sondern an sich selbst richten würden. Was würde dann passieren? Wie müsste sich Ihre Einstellung ändern, damit Sie sich um sich kümmern könnten? Wie würde sich die ganze Situation verändern?

In einem dritten Schritt könnten Sie Ihren Partner zu einem Austausch über diese Skizze und Ihre Gedankenexperimente einladen. Vielleicht hat er oder sie ja auch eine Skizze für diese Situation entworfen?

Liebe, Lust und Leidenschaft brauchen Verständnis, Vernunft und Verantwortung

Je mehr die Liebenden einander kennenlernen, desto mehr erfahren sie über die Wünsche und Bedürfnisse des Partners. Sind die Liebenden nicht bereits Eltern, geschieht dies ganz nach deren eigener Agenda: Dieses oder jenes möchten die beiden miteinander erleben, einander mitteilen, zeigen. Bei Patchworkpaaren verläuft dieses nähere Kennenlernen oft anders: Wie in dem Beispiel von Anne und Paul treten Bedürfnisse häufig auch in Situationen zutage, in denen die Kinder anwesend sind oder eine Rolle spielen. Die Liebenden fallen in unbewusste Muster und die aufgezeigten

Konkurrenzfallen schnappen zu. Dann geschieht es leicht, dass die Liebenden die Bedürfnisse und Wünsche des Geliebten, die sie womöglich in einer hitzigen Auseinandersetzung kennenlernen, als »überzogen«, »unrealistisch« oder »kindisch« abtun.

Doch unser Kind-Ich gehört ebenso wie unser Eltern-Ich und unser Erwachsenen-Ich ganz natürlich zu uns (siehe Kapitel 1). Unser Kind-Ich ist im Hier und Jetzt aktiv und bietet einen wichtigen Zugang zu unserer Liebe. Es ist die Liebe-, Lust- und Leidenschafts-Instanz. Wenn wir beleidigt sind oder einen Trotz- oder Wutanfall haben, kann eine Qualität oder eine Eigenheit von uns oder unseres Liebsten deutlich werden, die wir noch nicht kennen oder lieben. Dieser – vielleicht bisher im Verborgenen gebliebene oder abgelehnte – Teil meldet sich häufig in schwierigen Situationen und will näher betrachtet werden. Und zwar in erster Linie von Ihnen selbst und Ihrer fürsorglichen Eltern-Ich-Instanz. Er will dazugehören und einfach sein dürfen. Schenken Sie ihm Aufmerksamkeit und Zuwendung. So geben Sie Liebesenergie frei, die wiederum Ihnen und der ganzen Familie zur Verfügung stehen kann. Also: Heißen Sie diesen Teil von sich willkommen!

In solchen Situationen benötigen Sie Verständnis, Vernunft und Verantwortung:

Verständnis: »Ich tue etwas *für* mich und nicht *gegen* dich!«

Diese Ungereimtheiten und für den anderen manchmal schwer verständlichen Reaktionen bieten einen Zugang in die tieferen Schichten unseres Liebes- und Lebenskerns.

Das Verständnis unserer inneren Dynamik und die unseres Liebsten löst dabei nicht den Konflikt oder die aktuelle Situation in Wohlgefallen auf. Das Verständnis der kompletten Situation – damit ist der Konflikt im Hier und Jetzt und das Erleben in allen Persönlichkeitsinstanzen gemeint – entlastet jedoch Ihre Liebesbeziehung. Der Konflikt ist zwar noch immer da, aber die Liebe kann weiterfließen. Sie müssen nicht gegen den Liebsten ankämpfen, sondern können ihn als unterstützend wahrnehmen in einer für Sie beide schwierigen Situation. Dafür müssen Sie ihn aber zunächst aus der Verantwortung entlassen und akzeptieren, dass er etwas für sich tut und nichts gegen Sie.

Zum Verständnis gehört zum einen der aktuelle Auslöser: Was ist im Hier und Jetzt gerade passiert? Zum anderen sind die Bilder und Kränkungen in früheren Situationen interessant, die durch diese Situation berührt wurden. Wie sah die frühere Situation aus und wie haben Sie damals versucht, dieser zu begegnen? Wahrscheinlich erkennen Sie zumindest Teile Ihrer jetzigen Reaktion in dieser früheren Situation wieder.

Ava wurde ganz schummrig. Sie musste sich setzen, als sie die WhatsApp-Nachricht von Joe gelesen hatte. Sie hatte das ganze Wochenende mit ihm überlegt, wie er am besten vorgehen konnte, damit seine beiden erwachsenen Söhne (20 und 22 Jahre alt) wieder Vertrauen zu ihm fassen würden. Sie waren wegen der Trennung ihrer Eltern und seiner gleichzeitig bekannt gewordenen Liebesbeziehung sehr verletzt und hatten den Kontakt zu ihm abgebrochen. Ava hatte Joe getröstet und das Verhalten der Jungs als gesunden Schritt der Ablösung vom Vater gedeutet. Joe hatte sich an sie gekuschelt und sie waren inniglich eingeschlafen.

Heute Morgen war dann Simon – Avas sechsjähriger Sohn – aufgelöst zu ihnen ins Bett gekommen und hatte gesagt, Joe solle gehen. Wahrscheinlich hatte er schlecht geträumt. Ava nahm ihn in die Arme und versuchte ihn zu beruhigen. Nach einer halben Stunde stand Joe entnervt auf und fuhr ohne Frühstück ins Büro. Ava konnte Simon halbwegs stabilisieren, brachte ihn zur Schule und fuhr dann in die Agentur.

Sie wartete eigentlich auf eine Entschuldigung oder wenigstens eine Erklärung von Joe. Stattdessen bekam sie eine Nachricht voller Vorwürfe: Sie sei eine Glucke, wolle seine Kinder aus ihrer Beziehung drängen, Simon sei ihr Prinz und es wäre kein Platz für ihn. Alles würde nach ihrem Plan laufen, sie sei narzisstisch und besserwisserisch. Ava konnte sich kaum auf den Beinen halten. Sie fühlte sich, als ob sie einen Kinnhaken bekommen hätte. Tränen liefen ihr über die Wangen. Sie nahm sich den Rest des Tages frei und fuhr nach Hause. Die Tränen liefen und sie konnte nicht mehr aufhören zu weinen. Sie schrieb Joe, dass sie zu Hause sei und gerne die Situation mit ihm klären wolle. Joe kam, sah, dass sie weinte, und rollte die Augen: »So nicht, Madame, nicht die Heulnummer. Ohne mich!« Er drehte sich um und ging wieder.

Was war passiert? Manchmal kommen Paare nach einer solchen Eskalation völlig paralysiert in die Beratung. Sie sind geschockt, gekränkt und bringen das Verhalten des jeweils anderen nicht mit ihren Gefühlen füreinander zusammen. Die Liebe ist existenziell bedroht. In der Beratung wird die Situation entzerrt: Jeder darf seine Perspektive beschreiben und gemeinsam wird nach den dahinterliegenden Assoziationen, Bedeutungen und Zusammenhängen geforscht.

Ava war sich darüber bewusst, dass sie Joes WhatsApp-Nachricht so gemein und ungerecht fand, weil sie doch ihr Bestes für Simon und auch für Joe gegeben hatte. Sie fand es kindisch, dass Joe einfach abgehauen war. Sie hatte vor, alles im Guten mit ihm zu besprechen und es dann abzuhaken. Aber als die Tränen liefen und sie sie nicht mehr stoppen konnte, ging nichts mehr. Sie kannte solche Situationen aus ihrer ersten Ehe, aber auch schon als Kind. Sie konnte es ihrer Mutter nie recht machen. Sie strengte sich an, holte beim Schwimmen alle Medaillen, um ihre Mutter stolz zu machen. Sie schrieb gute Noten, räumte die Wohnung auf, bevor die Mutter nach Hause kam, und trotzdem sagte die Mutter, sie kokettiere zu viel, bilde sich zu viel ein und sei sehr egoistisch. Bis heute ist ihr Verhältnis zu ihrer Mutter schwierig.

Es kann sehr beruhigend sein zu verstehen, welche alten Erinnerungen diese aktuelle Situation aktiviert haben und welche alten Muster automatisch in einem ablaufen. Nun kann bewusst gehandelt werden.

Ava kannte aus einer Beratungsstunde bereits den Satz: »Ich tue etwas für mich und nicht gegen dich!« Sie weinte, weil sie die belastenden Gefühle loswerden wollte. Sie war traurig und wollte weinen – für sich und nicht, um Joe unter Druck zu setzen!

Es ist in der Beratungsstunde oftmals sehr entlastend für den Partner zu erfahren, was bei der anderen unbewusst passiert. Diese Entspannung lässt die Liebesenergie häufig wieder fließen.

Joe stand unter großem Druck. Die Situation mit seinen Söhnen, die Trennung und die Konkurrenz mit Simon überforderten ihn. Es tat gut, sich von Ava trösten zu lassen. Und sie an seiner Seite zu haben. Doch morgens hatte es sich so angefühlt, als ob Simon sie ihm wegnahm und für ihn kein Platz da sei. Das erinnerte ihn an die Situation mit seinen Söhnen, die ihn ebenfalls abwiesen. Und dann erschienen ihm Avas Worte vom Vortag plötzlich wie eine Taktik, um ihn ruhig zu halten. Er fühlte sich verraten und gelinkt. So wie ihn auch seine Exfrau jahrelang an der Nase herumgeführt hatte. Er war immer wieder darauf hereingefallen, weil sie so herzzerreißend geweint hatte. Jedes Mal hatte sie ihn so wieder für sich eingenommen. Er verstand jetzt, wie er sein früheres Erleben mit der heutigen Situation vermischt hatte. Und dass ein großer Teil seiner Wut von früher kam und sich nicht nur gegen Ava richtete.

Vernunft: »Wir erleben eine neue Situation im Hier und Jetzt. Die Verknüpfung mit alten Situationen ist nicht produktiv.«

Oftmals ist es eine wirkliche Herausforderung, die Übertragung einer alten Situation auf das aktuelle Geschehen zu vermeiden und sich der Unterschiede bewusst zu werden. Dafür braucht es eine klare Aussage der elterlichen Instanz – der eigenen oder die der Partnerin: »Ava ist nicht deine Ex!« oder »Joe ist nicht deine Mutter!«, um uns bewusst zu machen, dass alte Methoden in dieser Situation nicht weiterführen.

Joe haute immer ab, wenn er wütend wurde. Erst im Rückzug konnte er sich wieder beruhigen. Doch dann bekam er ein schlechtes Gewissen, ließ sich von (Frauen-)Tränen unter Druck setzen und gab nach oder er wehrte die Tränen wie in den letzten Jahren seiner Ehe vehement ab.

Ava hatte sich immer besonders angestrengt, hatte ihrer Mutter beweisen wollen, dass sie stolz auf sie sein konnte. Dabei hatte sie ihre eigenen Grenzen und Bedürfnisse nicht im Blick gehabt. Weinen konnte sie lange Zeit gar nicht, denn ihre Mutter hätte gesagt: »Geh bloß nicht unter in deinem Selbstmitleid!« Erst seit wenigen Jahren konnte sie sich erlauben zu weinen und die strenge Stimme in sich entkräften, indem sie zu sich steht und sagt: »Es ist traurig, da darf ich auch mal weinen!«

Es kann sinnvoll sein, die Situationen früher und heute ausdrücklich voneinander zu unterscheiden.

»Bei meiner Exfrau habe ich mich jahrelang nicht geliebt gefühlt. Ich hatte immer das Gefühl, es ihr recht machen zu müssen. Bei Ava ist das anders. Ihr vertraue ich.«

»Es gibt Ähnlichkeiten zwischen Joe und meiner Mutter. Mit Joe kann ich aber über alles reden und er versteht mich. Meine Mutter sieht mich auch heute noch nicht, weiß nicht, wer ich bin.«

Die Erwachsenen-Instanz funktioniert wie eine Kamera. Sie kann uns einen ungetrübten Blick auf das Geschehen liefern: Was ist passiert? Dabei wird auf das Hier und Jetzt fokussiert und unsere Bilder und Erinnerungen aus den anderen Persönlichkeitsinstanzen rücken in den Hintergrund.

Joe musste feststellen, dass Ava ihm am Abend wirklich gut geholfen und tolle Ideen hatte, die nicht darauf abzielten, seine Kinder aus seinem Leben zu drängen. Er erkannte auch, dass sie am Morgen für Simon eine liebevolle Mutter war und sich um ihren verängstigten Sohn gekümmert hat, wie es wahrscheinlich jede Mutter – und er als Vater auch – getan hätte.

Ava verstand, dass Joes Verhalten und eine solche WhatsApp-Nachricht nicht in Ordnung waren. Eine verständliche Reaktion darauf wäre gewesen, dass Sie wütend geworden wäre. Das leuchtete ihr jetzt ein, doch in der Situation – und eigentlich insgesamt – ist ihr Wut fremd. Stattdessen verfiel sie in tiefe Traurigkeit.

Mit Vernunft und diesem »objektiven« Kamerablick unseres Erwachsenen-Ichs können wir entdecken, wenn unsere Reaktion nicht allein den Konflikt mit unserem Liebsten betrifft, sondern dieser gleichzeitig ein Ventil war, wodurch alte unerledigte Konflikte mit bearbeitet wurden.

Verantwortung: »Ich habe meine Geschichte und übernehme dafür die Verantwortung.«

All dieses Verständnis und Wissen lösen den Konflikt leider noch nicht. Aber nun haben Sie in Ihrer Liebesbeziehung genügend Informationen aus Ihren verschiedenen Instanzen, sodass die Erwachsenen in Ihnen auf Grundlage Ihrer Erfahrungen und Erkenntnisse Lösungsschritte in Angriff nehmen können.

Es ist vielleicht einfach so, dass Ihre Liebste Ordnung um sich herum braucht, damit sie sich wohlfühlen kann. Oder Ihr Liebster kann sich bei Ihnen nur zu Hause fühlen, wenn er die Sicherheit hat, dass die Haustür Ihrer Wohnung eine sichere Grenze darstellt. Diese Sicherheit ist nicht gewährleistet, wenn beispielsweise Ihr Ex aus rein pragmatischen Gründen noch die Schlüssel zur Wohnung in seinem Besitz hat.

WAS SIE TUN KÖNNEN

Erstellen Sie eine Liste mit Punkten, die Ihnen wichtig sind

Vielleicht haben Sie sich aus den bisherigen Ausführungen bereits einige Punkte gemerkt. Was wünschen Sie sich, das in Ihrer Beziehung stärker berücksichtigt werden soll? Notieren Sie Ihre persönlichen Punkte auf einer Liste, die es zu besprechen gilt. Was sind Punkte, die Sie viel Energie kosten, und welche Maßnahmen würden Ihnen helfen, Energie zu sparen?

Bringen Sie nun die Punkte auf Ihrer Liste nach Wichtigkeit für Sie in eine Rangfolge. Betrachten Sie zusätzlich anhand eines Energiemaßstabs, beispielsweise einem Punktesystem von 0 bis 100, inwieweit die einzelnen Punkte Ihnen Energie rauben (0 ist gleich keine Energie, 100 außerordentlich viel) und an Ihren Kräften zehren. Eine Liste könnte zum Beispiel so aussehen:

Rang	Punkt	benötigte Energie
1	Vom Partner beschimpft werden	98
2	Ertragen der Kinder-Schmatzgeräusche am Essenstisch	90
3	Nachbohren müssen, wie das Gespräch mit der Ex war	85
4	Geduld aufbringen beim Zubettgeh-Ritual der Kinder	80
5	Aushalten von Anrufen der Kinder am Liebesabend	80
6	Spontane Änderung der Abendplanung	80
7	Wochenendbesuch der Großeltern	60
8	Den Kindern hinterherräumen	50
9	Essen für alle Kinder kochen	30
10	Kinder von der Schule abholen	30

Verhandeln Sie wohlwollend und entflechten Sie die Anliegen behutsam

Nun sind Sie gut auf ein Verhandlungsgespräch mit Ihrem Partner vorbereitet. Ein solches Gespräch soll keine harte Verhandlung sein, bei der es darum geht, jeweils für sich selbst den besten Gewinn herauszuholen. Ihr Gespräch ist eher vergleichbar mit dem eines liebevollen Elternpaars, das abwägt, was sie den Kindern nun zumuten können, welche Hilfestellungen sie unter Umständen brauchen und wo klare Grenzen sind. Und dabei kann es sein, dass man dem einen Kind-Ich etwas zugesteht, was für das andere Kind-Ich schwierig ist.

Ava durfte Raum zur Trauer haben und weinen. Und Joe durfte lernen, dass Weinen kein Druckmittel war, sondern etwas, was den Weinenden entlastete, und er nichts tun musste, damit es aufhörte. Noch kostete es ihn 98 Energiepunkte, aber er wollte herausfinden, wie er es mit weniger Energieaufwand schaffen konnte, Avas Weinen auszuhalten.

Das Elternsein in die Liebesbeziehung integrieren

Oftmals kommen Paare in die Praxis und der erste Satz ist: »Wenn wir allein sind, harmonieren wir hundertprozentig. Wenn die Kinder dabei sind, kommt der Stress.« Dann ist es naheliegend, dass das Paar in eine Konkurrenzfalle getappt ist. In dem Beratungsprozess besprechen wir also die typischen Situationen, wobei zunächst, wie bereits geschildert, jeder für sich versucht, das Konfliktknäuel zu entwirren. Beide wissen anschließend, was sie wollen und brauchen – und das unabhängig von ihrem Partner.

Vielleicht stehen nun auf den Listen kniffelige Punkte wie »Wochenendgestaltung« oder »Urlaub mit den Kindern«, vielleicht auch

»Kommunikation mit dem Expartner« oder »permanentes Standby für das Kind«. Alle Punkte betreffen Konflikte zwischen dem Elternsein und der Entfaltung der Liebesbeziehung. Anschließend kann das Paar die wohlwollenden Verhandlungsgespräche führen und die Hintergründe der Konflikte und Anliegen behutsam entflechten.

WAS SIE TUN KÖNNEN

Gehen Sie mit Ihrem Partner ins Gespräch: Wohlwollend und behutsam entflechten Sie, was war, und verhandeln, was künftig sein kann und darf. Seien Sie achtsam und vorsichtig, denn diese Themen bergen – wie Sie wahrscheinlich längst allzu gut wissen – viel Sprengstoff und haben das Potenzial, Ihre Beziehung zu schädigen. Beachten Sie Folgendes:

Versichern Sie einander Ihre Liebe

Bevor Sie nun gut vorbereitet mit Ihren Listen in ein gemeinsames Gespräch gehen, empfehle ich Ihnen, ein Ritual zu entwickeln, durch das sie sich einander Ihre Liebe zusichern. Indem Sie bereit sind, diese Gespräche zu führen, zeigen Sie sich bereits, dass Ihnen viel daran liegt, eine gemeinsame Perspektive für die Zukunft zu entwerfen. Das würden Sie nicht tun, wenn Sie einander nicht lieben würden. Also versichern Sie sich gegenseitig Ihre Liebe! Probieren Sie aus, welches Ritual das für Sie sein könnte: eine Kerze anzünden? Ein Handschlag oder eine Umarmung? Ein Foto, das Ihre Liebesenergie deutlich werden lässt, auf den Tisch zu legen?

Legen Sie eine Gesprächszeit und einen Gesprächsrhythmus fest

Einigen Sie sich zu Beginn auf eine Gesprächszeit. Diese sollte eine Stunde nicht übersteigen. Beginnen Sie mit 30 Minuten. Planen Sie, was Sie nach dem Gespräch gemeinsam tun können.

Nun kann es natürlich sein, dass es Themen gibt, die mehr Zeit brauchen als eine Stunde und bei denen es auch von Anfang an klar ist, dass Sie nicht in einem einzigen Gespräch zu einer Lösung finden werden. Überlegen Sie daher gemeinsam, wie oft und in welchem Rhythmus Sie darüber sprechen wollen. Hierbei sind die Empfindungen der Person, die das Thema einbringt, entscheidend. Damit fangen oftmals die Verhandlungen an. Wenn Sie meinen, es müssten bestimmt vier Gespräche sein, Ihr Partner aber der Meinung ist, es reichen zwei, dann sollten Sie keinen Kompromiss von drei Gesprächen eingehen, sondern die höchstgenannte Anzahl annehmen. Sehen Sie die Forderung als Impuls aus dem Kind-Ich, ausreichend Raum einnehmen zu wollen. Sie tun gut daran, es großzügig willkommen zu heißen!

Ein Tipp: Falls sich herausstellen sollte, dass nach dem dritten Gespräch kein Bedarf mehr ist, vereinbaren Sie trotzdem einen vierten Gesprächstermin. Sie könnten dann erleben, wie ein gekränktes Kind-Ich wieder wohlauf ist und sich freut, dabei sein zu dürfen. Lassen Sie sich von diesem Effekt für Ihre Liebe überraschen!

Finden Sie Regeln und Strukturen, die sich gut anfühlen

Bleiben Sie in der Haltung der wohlwollenden Eltern, die für Ihr Kind Rahmen und Strukturen schaffen, damit es wachsen und sich entfalten kann, wenn Sie über inhaltliche Belange sprechen. Legen Sie sich für solche Situationen Satzanfänge oder Formeln zurecht, die Ihnen helfen, in der fürsorglichen Eltern-Haltung zu bleiben, etwa:

- »Ich verstehe, dass du dich unwohl fühlst, wenn …«
- »Ich will dir helfen – was würde dir helfen?«
- »Für mich ist es …, wie ist es für dich?«
- »Was brauchst du …?«

Oftmals ist es hilfreich, wenn Sie sich an den Händen nehmen oder sich nebeneinandersetzen oder nebeneinander hergehen. Das trägt in schwierigen Situationen dazu bei, eine Verbundenheit herzustellen, um sich wohlwollend auseinandersetzen zu können.

Ava und Joe besprachen, wie sie mit Situationen umgehen wollten, wenn ihre Kinder dazwischenfunkten. Für beide war klar, dass die Kinder in der akuten Situation Vorrecht hatten und das jeweilige Elternteil sich zunächst um das Kind kümmern musste. Joe brauchte jedoch ein Signal, dass sein Platz dadurch nicht bedroht war. Sie verabredeten in solchen Momenten, sich kurz zu verständigen und sich einen Kuss zu geben, der angab, dass nun die Energie ins Eltern-Ich wechselt und die Liebesebene ruht, aber dennoch weiterhin da ist. Dieses bewusste Ruhenlassen bedeutet jedoch auch, dass es bei nächster Gelegenheit vom beschäftigten Elternteil wieder aktiviert werden muss.

Allein die Tatsache, dass diese Regel geschaffen wurde, brachte Joe sehr viel Sicherheit und Ruhe.

Überprüfen Sie das Neue

Nachdem Sie eine neue Struktur oder Regel festgelegt haben, gilt es, sie im Alltag zu erproben. Achten Sie dabei insbesondere auf die Kind-Ich-Anteile, da nur diese beurteilen können, ob die Regel gut funktioniert und bleiben kann. Wichtig ist auch, dass nur die Person, die das Thema eingebracht hat, dies für sich beurteilen kann. Die Verantwortung für diesen Prozess liegt bei der Erwachsenen-Instanz in uns, die gut und achtsam mit dem Kind-Ich-Anteil in Verbindung ist.

Die Liebesbeziehung in das Elterndasein integrieren
Die neue Liebesbeziehung soll auch für die Kinder sichtbar und spürbar einen Platz in der alten Eltern-Kind-Beziehung erhalten. »Mit meinen Kindern komme ich allein gut klar und sie tun, was sie sollen. Wenn meine Liebste dabei ist, bocken sie sofort!«

So sprechen Eltern häufig die Konkurrenzfalle von der anderen Seite an. Die Kinder fühlen sich zurückgesetzt oder spüren, dass die neue Liebe einen Platz besetzen will, der eigentlich – aus ihrer Sicht – schon besetzt ist. Und schon beginnt ein Machtkampf.

WAS SIE TUN KÖNNEN

Fahren Sie Patchworkkarussell
Am Bild eines Kinderkarussells können Sie sich vorstellen, wie ein Patchworkalltag funktionieren kann. Dabei hat das neue Liebespaar eine besondere Stellung in der Familie inne. Es ist die Basis und wichtigste Energiequelle für die ganze Familie und bedarf daher besonderer Aufmerksamkeit. Das Liebespaar ist das »Baumeisterpaar« für die neue Familie und trägt die Verantwortung dafür, dass alle anderen auch einen guten Platz haben!

Einige Regeln und Bedingungen des Kinderkarussells können auf den Patchworkalltag übertragen werden:

» Auf dem Kinderkarussell gibt es viele Platzangebote, so wie es in der Patchworkfamilie verschiedene Plätze für verschiedene Konstellationen gibt: die Hochzeitskutsche für ein Liebespaar, den Bus für die Großfamilie, Pferde reitet jeder allein, der Oldtimer kann für die alte Familieneinheit stehen und so weiter. Das Karussell dreht sich und alle dürfen mitfahren.

- Das Baumeisterpaar trägt die Verantwortung dafür, dass alle Konstellationen zum Zuge kommen und die unterschiedlichen Bedingungen in den einzelnen Platzangeboten erfüllt sind. Wenn das Liebespaar eine Runde in der Hochzeitskutsche fahren will, muss vorher klar sein, wo derweil die Kinder fahren. Auch sie dürfen diese Fahrt genießen! Vielleicht gibt es einen Hubschrauber, der für eine Handyzeit oder einen Kinobesuch steht.
- Ein Karussellfahrplan kann auch spielerisch mit der gesamten Familie erstellt werden, je nach Alter der Kinder. Es ist ein theoretisches Modell, das auf den Familienalltag übertragen wird, daher produziert das Spiel damit zu Beginn oftmals auch Widerstand. Lassen Sie diesen zu und ändern Sie immer wieder die Platzangebote um, entwerfen Sie neue und experimentieren Sie. Wenn die Kinder nicht mit dem Karussellbild umgehen wollen, dann können Sie es mit Ihrer Partnerin oder auch für sich allein nutzen. Wichtig ist, dass Ihre Kind-Ich-Anteile zu dem entworfenen Fahrplan ja sagen und Sie diesen als Baumeisterpaar auch für alle verantworten können. Viel Spaß dabei!

Sie sind mittlerweile kein frisch verliebtes Paar mehr, Sie haben einiges von dem Alltag des anderen mitbekommen, haben erste Konflikte überstanden, haben erfahren, dass Sie beide auch alte Verhaltensmuster mit in die Beziehung bringen und teilweise recht unterschiedliche Bedürfnisse haben. Sie wissen um Konkurrenzfallen, doch Sie wissen auch, wie Sie Verständnis, Vernunft und Verantwortung für die weitere Entwicklung Ihrer Liebe und für die gesamte Patchworksituation mobilisieren können. Behalten Sie im Sinn, dass Sie beide schon vieles gemeinsam geschafft haben, wenn Sie sich nun allmählich »richtig« kennenlernen und damit neuen Herausforderungen in Ihrer Patchworkliebe stellen.

Dritte Phase

Ich und du – Einander wirklich kennenlernen heißt sich auseinandersetzen

Mit der Zeit lernt sich das Patchworkpaar besser kennen. Sie entdecken weitere liebenswerte Seiten, aber es treten auch mehr befremdliche oder störende Züge des Partners zutage – wie bei allen anderen Liebespaaren auch. In Patchworkbeziehungen ist die Verstrickungsgefahr jedoch besonders groß. Es gibt oft Streit, Unmut und Konflikte, weil die Verhaltensweisen aus den vielfältigen Familienerlebenswelten zusammenkommen. Machen Sie sich bewusst, dass alle Beteiligten nicht nur die aktuelle Patchworkfamiliensituation erleben, sondern gleichzeitig auch immer die Selbstverständlichkeiten der ersten Familie eine Rolle spielen. Zusätzlich führen die Herkunftsfamilien und Erfahrungen als Kinder wie bei allen Liebespaaren besonders in angespannten Situationen unbewusst Regie. Diese Verstrickungen behindern das Wachsen und Entfalten Ihrer Liebe und führen manchmal zu so viel Spannung, dass Ihre Beziehung zu explodieren droht.

Sie können diese Verstrickungen achtsam und vorsichtig entflechten. Sie können es Schritt für Schritt schaffen, Ihre jeweiligen Beziehungsmuster, die sich wechselseitig aktivieren, zu verstehen und zu stoppen. Patchworkpaare kommen häufig in dieser Phase ihrer Beziehung in meine Praxis, denn anders als bei Paaren, bei denen keine Kinder mit in die Beziehung gebracht wurden, gibt es oftmals keine konfliktfreie Zone mehr. Ein Ausruhen, Ausweichen oder ein fauler Kompromiss ist hier oft nicht lange aushaltbar. Tagtäglich kommen neue schwierige Situationen dazu und müssen geklärt werden. Diese Zuspitzung ist zugleich aber auch eine Chance. Die Notwendigkeit der Konfliktlösung führt – wenn es denn gelingt – zu Wachstum und Entwicklung in der Liebe statt zu Stillstand.

Im Folgenden gebe ich Ihnen Einblicke in mein Vorgehen in der Praxis mit einem Paar und freue mich, wenn Sie die Impulse für sich und Ihre Beziehung aufgreifen und auf Ihre Situation übertragen können. Natürlich ist jedes Paar und jede Beziehung einzigartig, dennoch gibt es übergreifende Gemeinsamkeiten, die viele Patchworkpaare erleben. Suchen Sie sich die Aspekte, die Sie ansprechen, heraus und übertragen Sie sie – möglichst gemeinsam – auf Ihre Beziehung.

Auseinandersetzung braucht Sicherheit in der Liebe

Um in dieser herausfordernden Phase Konflikte miteinander durchstehen und aushalten zu können, brauchen Sie beide eine Sicherung Ihrer Liebe. Eine hundertprozentige Garantie, dass Ihre Liebe hält, gibt es leider nicht. Wenn Sie jedoch Rituale und ein Vorgehen entwickeln, wie Sie mit Konflikten und Schwierigkeiten umgehen, kommt es einer Garantie schon sehr nahe. Sie brauchen zwei gesicherte Verbindungen, die weiterbestehen, wenn es Krach gibt: Ich nenne sie PATCH und WORK.

PATCH

Die Liebe braucht Beisammensein. Erinnern Sie sich daran, wie Sie am Anfang Ihrer Liebe einfach nur gespürt haben, das Sie zusammengehören? Die Liebesenergie fließt und fragt nicht nach Warum und Wieso. Sie beurteilt und wertet nicht. Das funktioniert nur in einem geschützten Raum, in dem Sie und Ihr Liebster *sein* dürfen. Nur so gibt es die Möglichkeit zum Spüren, Fühlen, in sich Hineinhören und dafür, den anderen wahrzunehmen. Natürlich ist einem in einer angespannten Situation nicht nach Kuscheln auf dem Sofa zumute. Dennoch ist das PATCH, ein zweckfreies Beisammensein ohne Worte, eine wichtige Tankstelle für Ihre Liebesenergie. Lassen Sie sich von Ihren eigenen Empfindungen und der Befindlichkeit der anderen berühren, auch wenn es zunächst schwer ist, sich ganz darauf einzulassen. Es ist eine Chance, dass Ihre Liebe spürbar wird und sie miteinander verbindet. So können Wut, Ärger, Trauer und Angst besser aufgefangen werden. Zwar sind Konflikte und Schwierigkeiten so nicht gelöst, aber die gesamte Situation fühlt sich in Verbindung mit der liebsten Person schon wesentlich besser an.

WORK

Das WORK hingegen steht für respektvolle Auseinandersetzung. Auch hier bedarf es eines gesicherten Rahmens, indem nun offene Fragen und Störungen geklärt werden können. Hier werden die Schwierigkeiten entflochten und sortiert. Hier können Verantwortlichkeiten deutlich, Baustellen eröffnet und neu definiert werden. Das ist manchmal wirklich harte Arbeit. Wenn Ihre Familiensituation nur noch harte Arbeit bedeutet, kann Ihre Liebe schnell unter die Räder kommen. Es gilt also, Ihre Liebe zu sichern, zu hegen und zu pflegen und Raum zu schaffen für die notwendigen und sinnvollen Auseinandersetzungen.

Konflikten Zeit und Raum geben

Hier trifft Sie wahrscheinlich schon die erste Herausforderung: »Die Konflikte treten ja eigentlich nur auf, wenn die Kinder da sind. Dann haben wir doch keine Zeit für Diskussionen. Und wir wollen ja auch nicht vor den Kindern streiten«, erklären mir Patchworkeltern häufig. Doch auch im Patchworkalltag brauchen Sie die Sicherheit Ihrer Liebe. Übrigens nicht nur Sie als Liebespaar, sondern auch Kinder benötigen Sicherheit, um schwierige Gefühle wie Wut, Schmerz und Trauer überhaupt ausdrücken zu können. Wenn ein sicherer Liebesrahmen da ist, dann können Konflikte einfach so passieren. Sie treten auf und gehören dazu. Es gilt, einen Umgang mit ihnen zu schaffen, der einerseits Entwicklung ermöglicht, andererseits Ihre Liebesbasis in der gesamten Familie schützt. Es ist wichtig, dass Sie und Ihr Liebster in solchen Momenten wissen, dass es Bedarf zur Entflechtung der jeweiligen verstrickten Situation gibt. Geben Sie sich ein kurzes Zeichen, das klarmacht, dass Sie dafür am Abend oder zu einem späteren Zeitpunkt Zeit brauchen.

WAS SIE TUN KÖNNEN

PATCHen Sie: Etablieren Sie Ihre Liebesenergie-Tankstelle

Das wichtigste Spielangebot auf dem im zweiten Kapitel vorgestellten Patchworkkarussell ist die Hochzeitskutsche: der Platz für das Patchworkpaar. Denn die Liebe des Patchworkpaares und deren Bedürfnisse machen die Energiequelle Nummer eins aus. Ohne diese Liebe würde es die ganze Patchworkfamilie nicht geben! Als Existenzgrundlage der gesamten Patchworkfamilie erhält sie daher den wichtigsten Status – noch vor den Kindern.

Von daher ist es für die ganze Familie wichtig, dass das Liebespaar Zeit für sich hat. In welchem Rhythmus und für welche Dauer ist natürlich vom Alter der Kinder und vom weiteren familiären Umfeld abhängig. Dabei geht es um ein Beisammensein des Paares, das nicht mit Aufgaben aufgeladen ist. Das gemeinsame Miteinander-*Sein* steht im Vordergrund. Verabreden Sie also regelmäßige zweckfreie Paarauszeiten in Ihrem Alltag. Suchen Sie sich dafür Orte aus, die Ihre Liebesenergie stärken, zum Beispiel Ihren Lieblingsplatz im Haus oder Orte, an denen Sie schon einmal die Erfahrung gemacht haben, dass Ihre Liebesenergie gut fließen kann. Auch die Natur ist hilfreich, also gehen Sie im Wald spazieren, in den Bergen wandern, genießen Sie Strand und Meer und spüren Sie, was Ihnen guttut.

Etablieren Sie WORK-Rituale: der Paar-Spaziergang

Planen Sie in einem regelmäßigen Rhythmus einen Paar-Spaziergang ein, auf dem Sie sich gegenseitig informieren, wie es Ihnen gerade mit der Situation geht. Pflegen Sie ein solches Ritual und bauen Sie es auch an einem Kinderwochenende ein. Natürlich können Sie es dem Alter der Kinder entsprechend abwandeln. Wichtig ist, dass die Kinder spüren, dass es auch für sie gut ist, wenn die Erwachsenen sich Zeit zum Austausch nehmen und so für sich und ihre Liebe sorgen. Davon profitiert die ganze Familie.

Der Spaziergang ist auf maximal eine Stunde angelegt, möglichst in einer Umgebung, in der Sie sich gut auskennen, damit Sie sich ganz auf das Gespräch konzentrieren können. Stellen Sie auf dem Timer auf Ihrem Smartphone zunächst die Zeit für einen von Ihnen beiden ein. Wenn Sie eine halbe Stunde Zeit haben, könnte ein Gespräch beispielsweise so ablaufen:

» **10 Minuten:** Partner A erzählt ganz frei, wie es ihm gerade geht. Dabei geht er von sich und seinen Gefühlen aus und beschreibt, ohne dabei andere zu bewerten.
» **5 Minuten:** Zeit für Rückfragen und Spiegelung des gerade Verstandenen.
» **10 Minuten:** Partnerin B ist nun an der Reihe, zu erzählen, welche Gedanken und Gefühle sie momentan begleiten.
» **5 Minuten:** Rückfragen und Spiegelung des Verstandenen.

Dann ist das Ritual beendet. Es gibt keine weiteren Diskussionen. Allein die Information, wie es dem oder der anderen in der Situation geht, und dass Sie beide sich die Zeit genommen haben, einander wohlwollend zuzuhören, reicht für den Moment.[5] Es gibt dabei kein Richtig und kein Falsch, keine Wahrheit und keine Täuschung, sondern nur die subjektive Wahrnehmung desjenigen, der gerade an der Reihe ist. Vertrauen Sie auf Ihre Liebe und Ihre Selbstheilungskräfte.

Wenn Sie die Erfahrung bereits gemacht haben, dass Sie bei solchen Gesprächen auch in Streit geraten, empfehle ich Ihnen, vorab konkrete Gesprächsregeln für diesen Paarspaziergang einzuüben:

» Partner A spürt in sich hinein und achtet auf Rhythmus beim Gehen und Atmen. Partnerin B beobachtet A, nimmt Verbindung auf und bewegt sich mit (sowohl körperlich als auch seelisch).
» Partner A spricht von sich in Ich-Form, schildert Gedanken, Gefühle und Handlungsimpulse zum Thema. Partnerin B hört zu und fühlt mit A, Kommentare sind nicht erlaubt.
» Partner A spricht für sich und nicht gegen B. Partnerin B darf Verständnisfragen in der 3. Person stellen – aus dem Blickwinkel von A: »... *Deine Partnerin hat sich auf die Kinder fokussiert*

und dich nicht mehr beachtet? Und dann sagt sie, du müsstest doch wissen, dass sie dich liebt?«

- Fragen, die hilfreiche Orientierung bieten können: »Was will ich?«, »Was brauche ich?« im Gegensatz zu »Was soll ich?«, »Was muss ich?«. Und dann: »Was ist realistisch?«, Was kann ich?«, »Woran erinnert mich das Thema oder die Situation?«
- Zum Abschluss ist es wohltuend, einen Dank auszusprechen, zum Beispiel so: A: *»Ich danke dir für dein Wohlwollen und schätze dein Zuhören sehr.«* B: *»Ich danke dir für den Einblick in dein Erleben und akzeptiere es so, wie es ist.«*

Das mentale Foto

Sie beide könnten sich folgendes Ritual für Konfliktsituationen angewöhnen: Machen Sie in für Sie schwierigen Momenten ein mentales Foto der Situation und geben Sie Ihrem Liebsten einen Hinweis, dass er es auch tun soll. So haben Sie beide eine Momentaufnahme der Situation und damit eine gute Grundlage, sich zu einem späteren Zeitpunkt darüber auszutauschen. Auf dem gedanklichen Foto sind Ihre Gefühle und deren Bedeutung im Gesamtzusammenhang Ihrer Familiensituation gut erkennbar – es ist quasi ein Seelenröntgenfoto. Halten Sie dieses gut fest.

Es hilft sehr, wenn Sie in dem späteren Gespräch die Person auf Ihrem Foto (also Sie) auch in der dritten Person und ohne Nennung Ihres Namens beschreiben. Damit nehmen Sie eine andere Perspektive ein und distanzieren sich von der Dramatik der Situation. Die Beschreibung könnte beispielsweise so lauten:

Es war der Kindergeburtstag seiner Tochter. Alles war vorbereitet, die Geliebte und zugleich Stiefmutter hatte sich sehr angestrengt, weil sie wirklich wollte, dass es für die neunjährige Siri und natürlich besonders für den Vater, ihren Geliebten, ein toller Tag wer-

den sollte. Sie war extra nochmal losgefahren, um Schokoküsse zu kaufen, weil er meinte, die würden für Siri immer dazugehören. Sie fand das ein bisschen komisch, weil sie ja extra eine aufwendige Schokotorte gebacken hatte. Aber gut, es sollten alle Erwartungen erfüllt werden. Und dann kam Siri, begrüßte stürmisch ihren Vater und stürzte sich auf die Geschenke. Die Stiefmutter wurde kaum beachtet. Siri lachte mit ihrem Vater und drückte und herzte ihn. Die Stiefmutter saß dabei und wurde kaum wahrgenommen, auch ihr Geliebter war völlig im Spiel mit Siri und bat seine Geliebte nur zwischendurch, ihm doch den Kaffee und den Kuchen zu reichen. Die Geliebte saß schließlich ganz allein am Tisch, denn die beiden wollten lieber weiterspielen, als gemeinsam am Kaffeetisch zu sitzen. Dann brachte ihr Geliebter Siri wieder zur Mutter und sagte im Hinausgehen: »Kann etwas dauern, die Oma ist wohl da, vielleicht trinke ich noch einen Kaffee mit.« Sie räumte den Tisch ab. Ihr liefen die Tränen über die Wangen.

Halten Sie anschließend Ihre beiden mentalen Fotos daneben: Jetzt können Sie staunen, wie unterschiedlich Sie eine Situation wahrnehmen können. Oftmals reicht bereits dieser Perspektivwechsel, um die Verstrickung zu lösen und die Liebe wieder ins Fließen zu bringen.

Wie Kinder auf die Paarzeit reagieren

Kinder wollen glückliche Eltern. Wenn Eltern getrennt sind und Kinder in die Zwickmühle geraten, weil sie Verantwortung für das schwächere oder leidendere Elternteil übernehmen, dann hat es das neue Liebespaar schwer. Dann kann es sein, dass Kinder – beispielsweise im Sinne der Mama – die neue Geliebte von Papa fernhalten wollen, indem sie Papas schlechtes Gewissen aktivieren und seine Aufmerksamkeit komplett für sich beanspruchen. Vielleicht rebellieren sie auch offen gegen Ihre Liebespaarzeit. Und schon geht die Diskussion in der neuen Liebesbeziehung los: »Die Kinder sind doch nur so kurze Zeit hier! Du bist doch der Erwachsene, lass uns doch unsere Zeit nehmen, wenn die Kinder wieder weg sind!«

WAS SIE TUN KÖNNEN

Überprüfen Sie Ihr Vorhaben

Vergewissern Sie sich Ihres Wunsches, gemeinsam durchs Leben zu gehen. Schließen Sie für sich aus, dass Sie das Elternteil sind, für das Ihr Kind Verantwortung übernimmt und mit seinem Widerstand versucht, Ihnen beizuspringen.

Reden Sie mit Ihren Kindern

Planen Sie gemeinsam mit Ihren Kindern, wo und wie Sie Zeit und Raum für die Auseinandersetzung schaffen können. Zunächst ist wichtig, dass Sie Ihren Kindern Ihren Wunsch und Ihre Liebe glaubhaft, das heißt deutlich und klar vermitteln. So ist es und es ist Ihre Entscheidung, die das Kind durchaus blöd finden darf.

In einem zweiten Schritt können Sie mit Ihrem Kind seinen Wunsch und sein Bedürfnis erkunden. Was sind seine Ängste? Was sind seine Sehnsüchte? Wo ist vielleicht sein Wunsch zu sehr mit den Ängsten des anderen Elternteils verbunden? Wie können Sie Ihr Kind entlasten? Die Gefühlssituation Ihres Kindes ist vielleicht noch bestimmt von Wut und Trauer über die Trennung oder einer anderen schwierigen Situation in seinem Alltag. Nehmen Sie sich Zeit, PATCHen Sie und schaffen Sie auch WORK-Rituale mit ihrem Kind, um diesen Gefühlscocktail zu entflechten und mit Ihrem Kind zu durchleben.

Eine Lebensphase ist vorbei und eine neue beginnt. Für Sie als Elternteil ist es nun wichtig, dass Sie die Reaktionen Ihrer Kinder verstehen und ihnen signalisieren können, dass eine ambivalente Gefühlssituation in Ordnung ist. Helfen Sie Ihren Kindern, herauszufinden, was wiederum ihnen helfen könnte, damit auch sie ihren Schritt hin zu einer neuen Liebe mitgehen können.

PATCHen und Liebeszeit auch bei Zoff?

Sich Liebeszeit zu nehmen, kann nicht nur Kuscheln, Sex etc. bedeuten. Wenn Alltagskonflikte in die Paarbeziehung drängen, kann einem die Lust auf Zweisamkeit vergehen. Trotzdem ist es wichtig, die PATCH-Zeiten für die Liebe beizubehalten und sie im Sinne des Liebespaares zu verbringen. Das kann auch bedeuten, die Bockigkeit der einen aushalten zu müssen oder die Überforderung des anderen zu spüren. Hier ist es wichtig, sich mit der Zweisamkeit zu beschäftigen, ohne weiter Konflikte zu schüren, vielleicht in sehr angespannten Situationen mit der Regel: »Wir reden nicht miteinander *und* sind aufeinander bezogen!« Selbstregulation und Innehalten gehören ebenso zur Liebeszeit wie gemeinsames Trauern oder ein Wutritual.

WAS SIE TUN KÖNNEN

Planen Sie regelmäßige Paarzeiten ein

Etablieren Sie regelmäßig einen Paarabend und erfinden Sie ein Symbol dafür im Familienkalender, das in jeder Woche untergebracht werden muss. Vielleicht hilft es, einen bestimmten Tag zu haben, an dem der Babysitter kommt. Oder Ihre gemeinsame Zeit ist an den Abend der Kinder bei ihrem anderen leiblichen Elternteil gekoppelt. So stellen Sie sicher, dass ein kleiner Widerstand nicht dazu führt, Ihre Paarzeit auszuhebeln. Sie ist fester Bestandteil Ihres Alltags.

Schließen Sie einen Nichttrennungsvertrag

Paare mit Kindern aus vorherigen Beziehungen trennen sich doppelt so häufig wie Paare ohne Kinder. Wahrscheinlich haben Sie die Explosionskraft schon selbst erlebt. Daher empfehle ich Ihnen, einen Nichttrennungsvertrag zu schließen. Sie geben Ihrer Liebe damit auch in sehr angespannten Konfliktsituationen Sicherheit. Konkret bedeutet das, dass Sie sich das Versprechen geben, sich während der Auseinandersetzung nicht im Affekt zu trennen. Das verhindert, dass sich bei jedem Streit Trennungsängste aktivieren, die eine produktive Auseinandersetzung unmöglich machen. Wenn Sie sich darauf geeinigt haben, dass Sie für die Zeit der Auseinandersetzungsphase ein Paar bleiben, haben Sie den Freiraum, sich und Ihre Beziehung zu erkunden und zu erforschen. Überlegen Sie gemeinsam oder jeder für sich, für welchen Zeitraum Sie ein solches Versprechen geben können. Vielleicht hilft Ihnen das Bild eines Boxringes: Hier ist die Auseinandersetzung ganz klar geregelt, es gibt verschiedene Runden, dazwischen Pausen, in denen jeder in seiner Ecke versorgt wird. Im Boxkampf gibt es klare Regelungen, wie sie miteinander umgehen: Nicht unter die Gürtellinie schlagen, und wenn jemand signalisiert, dass er nicht mehr kann, ist Schluss. Der Kampf beginnt erst wieder, wenn beide ihre Einverständniserklärung dazu gegeben haben und sich ganz darauf konzentrieren können.

In meiner Beratungspraxis bitte ich die Paare, für den Zeitraum des Beratungsprozesses, meist für drei oder sechs Monate, mit *sich selbst* einen Nichttrennungsvertrag zu schließen. Das heißt, Sie versprechen sich selbst, dass Sie sich in dieser Zeit nicht trennen. Jeder für sich, unabhängig vom Partner. Erst dann haben Sie den Freiraum, bei einem möglichen Trennungsimpuls Ihre Energie und Aufmerksamkeit nicht auf die Trennung zu richten und in Aktion zu gehen, sondern diesen Impuls und den Anteil in Ihnen, der ihn aussendet, zu erkunden. Es ist vielleicht so wie bei einem Kind, das wegrennen will: Sie halten es fest und wollen wissen, was denn los ist. Das Kind wird sich zunächst beruhigen müssen, kann dann vielleicht die erlebte Ungerechtigkeit benennen und Sie können diese behandeln. Wenn Sie in der Auseinandersetzung mit Ihrem Geliebten Ihren Trennungsimpuls transparent machen, Ihre erlebte Ungerechtigkeit beschreiben, können Sie diese behandeln und in der Beziehung Platz schaffen. Ihren Trennungsimpuls könnten Sie beispielsweise so ausdrücken: »Ich bin so sauer, ich würde mich am liebsten trennen – wenn wir den Vertrag nicht hätten« oder »Ich könnte jetzt gehen, aber wir haben ja den Vertrag geschlossen«. Nach solchen Aussagen kann die Kommunikation trotzdem produktiv fortgesetzt werden. Selbst wenn Sie während der Auseinandersetzungszeit spüren, dass es nicht genügend Platz für all Ihre Anteile gibt und Sie den Trennungsimpuls weiterhin haben, können Sie einen solchen Prozess als Wertschätzung Ihrer Beziehung ansehen. Hier kann verständlich gemacht werden, was nicht passt. So können Sie sich in Liebe trennen und schenken sich gegenseitig diesen Erkundungs- und Entwicklungsraum.

Nichttrennungsvertrag

Ich bleibe bis zum ______________ mit ______________ in Beziehung.

Ich achte auf meine Bedürfnisse, Wünsche und Sehnsüchte und mache sie transparent.

Ich höre ______________ aktiv zu und akzeptiere ihre beziehungsweise seine Wahrnehmung und Empfindung.

Ich bin bereit, nach Lösungen zu suchen, mit denen wir uns beide gut fühlen.

Datum und Unterschrift

____

WIR = ICH und DU

Während in der ersten und zweiten Phase das WIR im Vordergrund stand, treten in einem solchen Auseinandersetzungsprozess nun das ICH und das DU in den Fokus. Durch einen Nichttrennungsvertrag geben Sie sich nun die Erlaubnis, das ICH und das DU intensiver kennenzulernen und wichtig zu nehmen, ohne das WIR dabei zu gefährden. Die bisherige Vorstellung vom WIR wird dabei auf den Prüfstand gestellt. Möglicherweise erkennen Sie sofort, dass Ihre Vorstellung vom WIR mit Ihren beiden Persönlichkeiten, die auch schwierige Seiten aufweisen, funktioniert. Oftmals führt aber eine idealisierte, sehr romantische Vorstellung unbewusst in der Realität Regie. Ein solch romantisiertes Leitbild kann die Verliebten nur in eine Sackgasse führen und deshalb ist es notwendig, sich mit diesen unbewussten Leitbildern auseinanderzusetzen und einen Rahmen und eine Gestalt des WIRs zu schaffen, in dem sich sowohl das ICH als auch das DU wohlfühlen können.

Wer bin ICH? Wer bist DU?

Alle Liebespaare sind miteinander verstrickt. Vielleicht so wie ein Knoten aus vielen bunten Wollfäden. Wenn man am gelben Faden zieht, knotet sich der blaue fester hinein und verschlingt sich dabei total mit dem grünen. Bei Patchworkpaaren gibt es viele Farben und Fäden und die Verstrickungsgefahr ist oft größer als bei Paaren, die keine Kinder mit in die neue Liebe bringen. Wie Sie wahrscheinlich schon selbst häufig erfahren haben, ist das Verhalten einer Person meistens gar nicht konkret auf eine Aktion einer anderen Person zurückzuführen. Vieles geschieht als Reaktion auf die Bewegung eines anderen Fadens im Knoten. Je nachdem, wie sehr es verknotet ist, geht es bei der Entflechtung nur langsam mal an der einen, mal an der anderen Stelle voran. Und manchmal muss das ganze Knäuel gelockert werden, sonst kann sich gar kein Faden mehr bewegen. Also sind Geduld, Zeit und viel Wohlwollen beim Entflechtungsprozess gefragt. Jeder Mensch hat sein Fadenknäuel und seinen Lebensfaden, mit dem man sich verbinden und verstricken kann. Haben Sie durch Ihre PATCH- und WORK-Zeiten sichergestellt, dass die Ihnen wichtige Verbundenheit und Innigkeit bleibt, können Sie die unguten Verstrickungen nach und nach entflechten. Es wird sicher immer wieder der Impuls aufkommen, den Faden einfach durchzuschneiden; doch davor haben Sie sich und Ihre Liebe durch den Nichttrennungsvertrag geschützt.

Ob Sie sich in einen solchen Reflexionsprozess allein, als Paar oder mit professioneller Hilfe begeben, hängt von Ihrer Motivation sowie von Ihrem Leidensdruck ab. Scheuen Sie sich nicht, sich unterwegs Zeit zu lassen oder sich Hilfe zu holen, wenn es zu anstrengend wird. Die Reise in Ihre Verstrickungsmuster darf Spaß machen, und wenn sie zur Tortur zu werden droht, dann gönnen Sie sich einen Tourguide, der Ihnen beratend zur Seite steht.

Nutzen Sie Ihre Situation in der Patchworkfamilie für Ihr eigenes Wachstum. Sehen Sie es so: Sie befinden sich in einer Situation, die Ihnen ganz besondere Möglichkeiten zur Persönlichkeitsentwicklung bietet. Teil einer Patchworkfamilie zu sein ist sozusagen ein tägliches Coaching. Sie werden durch die vielen – häufig scheinbar banalen – Kleinigkeiten des Patchworkalltags ständig gefordert. Ihre Selbstverständlichkeiten und Gewohnheiten werden kostenlos unablässig infrage gestellt und Sie bekommen vielfältige Gelegenheiten zur *Ent-Täuschung*, also zur Ausbildung eines klaren Blicks. Ihre (unbewussten) Familienprinzipien, -werte und -tugenden werden durch die Konfrontation mit den anderen Familien gründlich auf den Prüfstand gestellt und schließlich hebt sich Ihre Persönlichkeit mit allen Ihren Macken, Mustern und Prägungen klar und deutlich hervor, sodass Sie diese voller Neugier und mit viel Humor liebevoll betrachten können.

Susanne und Kai kommen in die Beratung, weil sie das Gefühl haben, allein nicht mehr weiterzukommen. Sie sagen, dass sie sich noch lieben und immer noch schöne Momente zusammen haben. Jedoch werden diese immer seltener und die mittlerweile sehr häufigen Auseinandersetzungen zermürben ihre Liebe. In diesen Eskalationen verletzen sie sich gegenseitig und sagen Dinge zueinander, die sie später bereuen. Sie kämpfen, werten sich gegenseitig ab und beschimpfen sich. Das hinterlässt immer tiefere Spuren und lässt beide an der Liebe zweifeln. Sie fühlen sich erschöpft und ratlos. Vielleicht ist die Patchworkkonstruktion doch nichts für sie?

Susanne und Kai kommen mit typischen Patchworkthemen in meine Praxis:

» Strittige Umgangsregelungen und Missmut seitens der Exfrau sorgen für Unruhe in der Patchworkfamilie.

So plant Kais Exfrau Nadine kurzfristig Urlaube, bringt die Kinder nicht wie verabredet nach Hause und erzählt ihnen viel zu viel über die Konflikte mit ihrem Exmann. Die Kinder (Levy, 9 Jahre alt, und Friederike, 6 Jahre alt) sind häufig irritiert und verhalten sich so, wie die Mutter es gerade braucht. So wollen sie, obwohl sie sich vorher auf einen Tag am See gefreut haben, plötzlich nicht mehr mit, nachdem sie mit ihrer Mutter telefoniert haben. Für Susanne ist Nadine ein rotes Tuch. In ihren Augen instrumentalisiert sie die Kinder. Sie kassiert einen sehr hohen Unterhalt, arbeitet nicht und macht allen das Leben schwer. Neuerdings will sie, dass Kai sich mehr Zeit für Levy nimmt, was in ihrer Konstruktion für ziemlichen Unmut sorgt. Levy ist in der Schule auffällig geworden und braucht Nadines Meinung nach mehr Nähe zu seinem Vater. Kai vermeidet Konflikte mit Nadine, da er weitere Einschränkungen im Umgang befürchtet.

» Die Wohnverhältnisse oder Lebensumstände eines Elternteils ändern sich und sorgen für eine Veränderung auch in der Patchworkfamilie.

Zoe (14) ist Susannes Tochter und war vor der Beziehung mit Kai (seit 2 Jahren) 7 Jahre allein mit ihrer Mutter. Ihr Vater ist aus dem Haus, in dem sie nun mit ihrer Mutter, Kai und ab und zu mit Levy und Friederike wohnt, ausgezogen, als sie 5 Jahre alt war, und wohnt seitdem in einer Wohnung, die nur einen Katzensprung entfernt ist. So kann Zoe zu ihm, wann immer sie will. Jetzt will er zu seiner neuen Lebensgefährtin nach Bayern ziehen, was bedeutet, dass Zoe ihn höchstens alle zwei Wochen besuchen kann. Bisher war er immer ihr Zufluchtsort, wenn ihre Mutter sich mit Kai gestritten hat (und das war häufig). Zoe mag Kai nicht besonders, lässt ihn das auch spüren, will mit seinen Kindern nichts zu tun haben und ist genervt von dem Krach in ihrem Haus.

» Die berufliche Situation eines Elternteils fordert mehr Zeit und Energie und muss nun durch andere Mitglieder der Patchworkfamilie aufgefangen werden.

Kai hat nun die Möglichkeit, sich auf einen Vorstandsposten zu bewerben, und ist im Begriff, dies zu tun. Allerdings bedeutet das in nächster Zeit mehr Reisen und Präsenzzeit im Büro. Gleichzeitig will er die 2 Tage, die er pro Woche mit seinen Kindern verbringt, nicht reduzieren, braucht da also Susannes Unterstützung. Susanne hat seine Kinder, mit denen sie sich gut versteht, in der Vergangenheit immer gerne versorgt und sich mit ihnen beschäftigt, kann aber mittlerweile Levys aggressives Bestimmen (Aufträge der Mutter) kaum noch ertragen. Zusätzlich fühlt sie sich auch von Zoe und ihren Vorwürfen immer mehr unter Druck gesetzt. Ihre Wut auf Nadine wird immer größer.

Beispiel einer Eskalationsschleife

Die Situation spitzt sich meist an einem Punkt so zu, dass ein Termin in der Beratungspraxis plötzlich sehr dringend erscheint. Oft handelt es sich dabei um eine Kleinigkeit, an der sich der Konflikt entzündet, der sich dann in einer Eskalationsspirale entlädt. So ist es auch bei Kai und Susanne.

Susanne und Kai sind gerade dabei, das Abendessen für sich und alle drei Kinder vorzubereiten. Da kommt eine Nachricht von Nadine an Kai: »Denk doch bitte morgen an den Turnbeutel von Friederike, dann kann sie endlich auch mal wieder mitturnen!« Diese SMS reicht aus, um den gesamten Konflikt zu aktivieren.

Vielleicht kennen Sie solche Situationen: Sie freuen sich auf einen entspannten Abend oder ein ruhiges Wochenende und dann kommt aus heiterem Himmel eine Info, die Sie trifft und Unmut in Ihnen auslöst. Mal schaffen Sie es, diesen Unmut schnell aufzufangen, mal steigert er sich bis in die Eskalation.

Susanne fühlt sich durch diese SMS gemaßregelt, bestimmt und kontrolliert. Sie fühlt, wie Wut in ihr hochsteigt, es fängt an zu brodeln und sie kann sich zumindest einen Kommentar nicht verkneifen: »Es wäre ja auch wirklich eine Zumutung, zu erwarten, dass sie sich bei einem so knickrigen Unterhalt einen zweiten Turnbeutel kaufen könnte …! Leiden darunter muss die arme Friederike.«

Kai findet die Nachricht nicht schlimm, ignoriert sowohl den unterschwelligen Vorwurf Nadines in der SMS als auch den Kommentar von Susanne und legt den Turnbeutel in den Flur, damit er am nächsten Tag daran denkt. Er hofft, so eine Eskalation zu verhindern.

Eigentlich ist nichts passiert und trotzdem ist die Stimmung auf einmal aufgeheizt und angespannt. Die Hilflosigkeit steigt. Alle Beteiligten spüren, dass nun der jeweils andere genau darauf achtet, was sie sagen oder tun (beziehungsweise nicht tun). Nur was wäre jetzt das Richtige? Vielleicht braucht es nicht viel, um die Situation wieder zu entschärfen, nur wie kann das gelingen?

Susanne fühlt sich durch Kais Ignorieren ihres Kommentars im Stich gelassen. Ihm scheint egal zu sein, was mit ihr ist. Sie weiß nicht recht, was sie mit ihrer Wut machen soll, und bringt eine scheinbar harmlose Frage nach dem nächsten Urlaub auf: »Hast du eigentlich schon die Flüge gebucht?« – »Nein, ich kenne ja die Daten von Nadines Plänen mit den Kindern noch nicht genau.« – »Waaas? Hat Nadine dir immer noch nicht Bescheid gegeben? Das ist unmöglich, buch jetzt endlich! Sonst können wir gar nicht mehr in den Urlaub fahren.«

Kai spürt, dass er gerade in eine Sackgasse gerät, und sucht einen Ausweg. Er bewegt sich liebevoll auf Susanne zu: »Sonst fahren wir eben allein. Ist doch auch nicht schlecht, oder?« Susanne kann dieses Angebot jedoch nicht annehmen, sondern sieht sich darin bestätigt, dass es nie um sie oder ihre Situation geht. »Klar, für dich ist es dann abgehakt. Zoe ist dir ganz egal. Dass sie gerade eine harte Zeit durchmacht und durch die ganze Situation besonders ihre Mutter braucht, verstehst du natürlich nicht. Dann kannst du allein fahren.«

Und dann merken sie, dass etwas passiert ist. Der Streit ist in vollem Gange und nun nicht mehr zu stoppen. Sie befinden sich mitten in der Eskalationsschleife.

Jetzt brodelt es auch in Kai. Er bemüht sich und macht Susanne sogar das Angebot, ohne seine Kinder zu fahren, trotzdem reicht es nicht und der nächste Vorwurf prasselt auf ihn ein. Er kann es nicht rich-

tig machen und ist wieder mal der Blödmann, der nichts hinkriegt. Am liebsten würde er jetzt einfach wortlos gehen. Er ist hilflos und wütend. Aber er weiß, dass das alles nur noch schlimmer macht. Also bleibt er im Raum, räumt die Spülmaschine aus und fängt an, das Abendessen vorzubereiten.

Dieses weitere Ignorieren treibt Susanne in den Wahnsinn. Was soll sie denn tun? Am liebsten würde sie Türen knallen und wegrennen, aber sie weiß ja, dass es alles nur noch schlimmer macht. Hilflos rennt sie ins Wohnzimmer, um Gläser vom Tisch zu räumen. Dort sitzt Zoe, Kopfhörer auf und schaut eine Serie auf dem Handy. Sie schreit sie an: »Ständig diese Serien. Kannst du nicht was Vernünftiges machen?« Dann sieht sie ein umgekipptes Glas Orangensaft auf dem Tisch. »Manno. Dein Sohn rafft es echt nicht. So ein Ferkel, der hat echt ein Problem, mit 9 Jahren müsste man doch wenigstens verstehen, dass man es auch wieder sauber machen kann!«

Kai hört Susannes Wutausbruch aus der Küche. Jetzt reicht es. Er kommt ins Wohnzimmer und schreit sie an. »Wenn alles so schlimm ist, dann gehen wir eben. Vielen Dank!« Er rennt hoch, holt seine Kinder aus dem Kinderzimmer, packt zwei, drei Sachen zusammen, setzt sie ins Auto und düst ab. Zoe ist zwischenzeitlich zu ihrem Vater geflüchtet. So sitzt Susanne allein am Küchentisch und weint.

Eskalationsmuster erkennen

Wahrscheinlich kommt Ihnen eine solche Szene nicht vollkommen fremd vor. Es sind Kleinigkeiten, Banalitäten, die einen trotz besseren Wissens zum Ausrasten bringen. Es ist klar, dass es nicht um das umgeworfene Glas oder um einen bissigen Kommentar geht, und trotzdem bringt es Sie in einem solchen Moment zur Weißglut. Sie spüren, dass es um einen größeren Zusammenhang geht. Doch der ist nicht leicht zu fassen. Und für den gibt es leider auch keine einfache Lösung. Es sind Situationen, die je nach Perspektive mit Schmerz, Trauer und Wut verbunden sind und an alte Erfahrungen oder an Begebenheiten anknüpfen, die Wochen zurückliegen. Sie erinnern Sie vielleicht an Erlebnisse aus der ersten Ehe oder an schon in der Kindheit geprägte Mechanismen. In solchen akuten Streitmomenten können Sie allenfalls Bruchstücke des großen Zusammenhangs greifen.

Und wenn Sie den Umgang und das Aushalten von Wut, Trauer oder Schmerz nicht gut gelernt haben, dann ist das Verstricken mit anderen, an Ihrem Fadenknäuel beteiligten Personen eine Möglichkeit, solche schmerzhaften Gefühle zu umgehen. Sie finden einen Grund – und sei er noch so banal –, der sich als Ventil eignet, und schieben die Schmerz- oder Trauerenergie dem anderen in Form einer Schuldzuweisung zu. Sie nehmen sozusagen lieber den Streit und die Eskalation in Kauf, als sich alten Konflikten und Verletzungen zu stellen. Das wäre ja auch in Ordnung, wenn es bewusst und absichtlich geschehen würde, sozusagen als Option. Doch oftmals leiden wir unter diesem Vorgehen und meinen, wir hätten keine Alternative. Die aber will ich Ihnen im Folgenden aufzeigen.

Susanne und Kai spüren mittlerweile, dass in ihren Eskalationen tieferliegende Strukturen beteiligt sind und es immer dieselben Punkte, dasselbe Thema ist, an dem sich ein Streit entfacht. Das wollen sie beide besser verstehen. Ihnen ist klar, dass es keine schnelle Lösung gibt und sie lernen müssen, mit Konflikten zu leben. Aber wie kann das ohne diese nervenaufreibenden und zerstörerischen Eskalationen gehen? Sie wollen einen achtsameren Umgang mit den Konflikten lernen und ihre Liebe dabei nicht verlieren.

Den Teufelskreis unterbrechen

Um zu verstehen, was eigentlich in der Eskalation abläuft, ist Entflechtungsarbeit nötig: Der schnelle Schlagabtausch muss angehalten, in Ruhe betrachtet und sortiert werden.

Das ist Paaren jedoch oftmals nicht möglich. Stattdessen neigen alle Beteiligten dazu, kurzerhand die eigene Wirklichkeit als »richtig« zu definieren. Wenn Paare in meiner Praxis von ihrem Streit erzählen, steht zu Beginn für jeden fest: »Der andere muss sich anders verhalten, dann kommen wir klar!«, oder »Die andere hat ein Problem, das sie lösen muss, dann läuft es!« Doch jede Beziehung hat zwei Standpunkte, die gesehen werden und zum Zuge kommen müssen.

Oft gehen Auseinandersetzungen allerdings so weit, dass einer aus Angst vor erneuter Eskalation oder sogar Trennung nachgibt und sich fügt. Das kann eine (unbewusste) Abmachung sein: »Einmal bestimme ich und du fügst dich, beim nächsten Mal darfst du dafür bestimmen und ich füge mich!« Auf so einem Stillhalteabkommen basieren viele Liebesbeziehungen. Und wenn die Eskalationspausen lange genug andauern, kann eine solche Beziehung auch jahrzehntelang gut gehen. Sie beruht auf der Vorstellung, dass man sich gegenseitig begrenzen und beschränken muss, um zusammen sein zu können. Nach dem Motto: »Ich verzichte auf mein Anliegen, dafür schränkst du dich in deinem ein!« Allerdings ist dieses Modell für Patchworkbeziehungen meistens unbrauchbar, da Beschränkungsforderungen oft von mehr als zwei Seiten kommen und die Verzichtsleistung nicht gut verrechnet werden kann.

Ich bin überzeugt, dass eine Liebesbeziehung – und ganz besonders in Patchworksituationen – zu gegenseitigem Wachstum und zu Entfaltung führen kann. Um sich auf diesen Weg zu begeben, verabschieden Sie sich von der Schuldfrage. Sie führt nicht weiter und Sie landen früher oder später in einer Sackgasse. Nehmen Sie die Herausforderung verantwortungsvoll an, schauen Sie genau hin und beginnen Sie mit der Entflechtung.

Elemente des Teufelskreises

Auslöser im Hier und Jetzt

In einer Streitsituation gibt es immer einen Auslöser im Hier und Jetzt; im Beispiel von Susanne und Kai war es eine SMS der Exfrau. Im Prinzip kann alles zum Auslöser werden. Auch ein Missverständnis, das theoretisch schnell behoben werden könnte, oder ein Nebenkriegsschauplatz, mit dem man an sich gar nichts zu tun hat. Oft sucht sich die Seele solche Gelegenheiten als Ventil für innere Spannung, die sich bisher nicht zeigen oder lösen konnte. Dann wird ein banaler Auslöser mit einem Thema, das gerade unterschwellig die aktuelle Situation bestimmt, in Verbindung gebracht. Dadurch kommt zwar eine Auseinandersetzung in Fahrt, doch der aktuelle, vordergründige Konflikt wird plötzlich stark von einem »alten Film«, der zugleich hintergründig abläuft, beeinflusst.

Alte Erinnerungen und alte Regulationsstrategien: Susanne

Vordergründig geht es in dem Beispiel von Kai und Susanne um eine logistische Frage: »Wie kommt Friederike an ihren Turnbeutel?« Diese sachliche Frage könnte gut auf der Erwachsenen-Ich-Instanz geklärt werden. Die Dynamik und die Qualität des gesamten Themas jedoch aktivieren ein Gefühl bei Susanne, für das sie noch keinen gelungenen Umgang gefunden hat: das Gefühl der Fremdbestimmung. Die SMS sagt für sie nur einmal mehr: »Tu, was ich will, und stell deine Bedürfnisse zurück!«, und trifft damit einen wunden Punkt bei Susanne. Ein erwachsener Umgang mit diesem sensiblen Thema ist Susanne nicht möglich. Die Energie fließt daher ins Kind-Ich. Hier werden frühere Erfahrungen und Erlebnisse aktiviert und entsprechende Regulationsstrategien werden wirksam. Früher waren Susannes Reaktionen auf solche Situationen für sie unbefriedigend: Sie musste sich im Alltag mit ihrer Mutter oft fügen, ihre Wünsche fanden kaum Raum und sie hatte keine Chance, ihren Willen durchzusetzen. Ihren Unmut drückte sie als kleines Mädchen durch eine trotzige Miene oder Eingeschnapptsein aus. So konnte sie wenigstens Druck ablassen. Manchmal bekam sie von ihrer Mutter dann ein Bonbon und damit gab sie sich für den Moment zufrieden.

Oftmals fließt die Energie blitzartig ins Kind-Ich, sodass Sie es zunächst nicht bemerken. Dazu kommt, dass sich die Strategie, die dem Kind-Ich entspringt, in der aktuellen Situation erwachsen ausdrückt. Bei einem kleinen, bockigen Mädchen hätten Sie vielleicht ein paar Ideen, wie Sie es besänftigen könnten. Bei einer erwachsenen Frau jedoch, die einen bissigen Kommentar macht, ist es nicht so leicht, das kleine Mädchen zu entdecken. Auch für sie selbst nicht.

Alte Erinnerungen und alte Regulationsstrategien: Kai

Die spürbare Unzufriedenheit seiner Liebsten aktiviert bei Kai wiederum ein Schuldgefühl, das ebenfalls durch Erinnerungen an früher verstärkt wird: Schlechte Laune bei Frauen, die er liebt. Dies ist für ihn ein wunder Punkt und ein Thema, mit dem er nicht erwachsen umgehen kann. Auch bei ihm fließt die Energie plötzlich ins Kind-Ich und aktiviert alte Erfahrungen und entsprechende Strategien. Er fühlte sich schon als kleiner Junge schuldig, wenn seine Mutter schlechte Laune hatte. Er war hilflos und wusste nicht, was er falsch gemacht hatte. Er versuchte dann, in Deckung zu gehen, verhielt sich still und ließ seine Mutter in Ruhe. Manchmal hatte er dann Glück und die schlechte Laune war nach einiger Zeit vorbei.

Unbewusst ist also Kai in die Rolle von Susannes Mutter gerutscht, hat jedoch anders als diese damals reagiert. Und ebenso unbewusst ist Susanne in die Rolle von Kais Mutter gerutscht und hat mit ihrer schlechten Laune den für Kai bewährten Mechanismus des Ignorierens und des Rückzugs ausgelöst. So entwickelt sich ein Teufelskreis, in dem die beiden sich gegenseitig unbewusst anstacheln.

Übertragung in der Liebesbeziehung

In solche Übertragungs- und Projektionskonflikte gerät jeder Mensch immer wieder. Die Patchworkfamilie bietet sich jedoch besonders gut als Übertragungs- und Projektionsfläche an, da die Familienqualitäten und -dynamiken oftmals dieselben sind wie in früheren Familienkonstellationen, jedoch sind die Rollen nicht klar definiert. Da kann es sein, dass Sie als Geliebte in manchen Situationen zur Tochter werden. Oder das Verhalten des Stiefsohnes erinnert Sie an das Ihres großen Bruders und schon sind Sie wieder in der Rolle des kleinen Bruders. Frühere Beziehungserfahrungen mit nahen Bezugspersonen wie Mutter, Vater oder Geschwistern haben eine wesentliche Bedeutung für aktuelle Beziehungen. Sie sind im Grunde der Prototyp für Ihre spätere Liebesbeziehung. Hier entwickelt man Strategien, durch die man sich in der ersten Beziehung, also der zu Vater oder Mutter, gut arrangieren kann. Die Übertragung dieser alten Beziehungsdynamik auf die aktuelle Liebesbeziehung führt dann allerdings schnell in die Sackgasse, weil der Liebste oder die Liebste eben nicht Vater oder Mutter sind.

Früher waren Ihre Eltern dafür verantwortlich, dass Sie sich als Kind gut entwickeln und geeignete Strategien lernen. Aus welchen Gründen auch immer[6] haben Sie jedoch an dieser Stelle einen Regulationsmechanismus entwickelt, der Sie – zumindest in der aktuellen Situation – nicht weiterbringt. Früher wusste beispielsweise Susannes Mutter, dass sie mit einem Bonbon die Situation retten konnte. Susanne wollte vielleicht einfach eine liebevolle Geste zur Beruhigung, doch Kai geht als Susannes Partner nicht entsprechend auf sie ein und feuert ihren Unmut dadurch weiter an. Auch Kais Mutter hat sich vielleicht selbst beruhigen können, weil Kai ihre schlechte Laune ignoriert hat, doch gegenüber Susanne ist Kais Ignorieren genau die falsche Strategie.

Bestätigung des alten Glaubenssatzes und Rebellion: Susanne

Susanne fühlt sich durch das Ignorieren von Kai in ihrem grundsätzlichen Gefühl, das sie in dieser Familienkonstruktion nicht wichtig sein darf, bestätigt. Das macht sie traurig. Sie spielt anscheinend selbst für ihren Liebsten keine Rolle. Sie spürt Tränen in den Augen. Doch diese werden gebremst durch eine Stimme in ihr: »Stell dich nicht so an! Es dreht sich nun mal nicht alles um dich!« Es ist wie früher, als sie von ihrer Mutter streng ermahnt wurde.

Jetzt in dieser Situation hat ihre Mutter nichts damit zu tun. Es ist Susannes strenge Eltern-Ich-Instanz, die sie nun in ihrem Ungerechtigkeitsgefühl bremst. Susanne weiß selbst, dass sie nichts mit der SMS von Nadine zu tun hat. Sie war schließlich an Kai gerichtet. Auch das kennt sie. Sie hat eigentlich keinen Grund, aber die gefühlte Ungerechtigkeit und die Anspannung ist trotzdem da. Das kann sie nicht so stehen lassen. Unbewusst entscheidet Susanne sich dafür, ein Ventil zu suchen, durch das sie die Wut-Energie direkt in Kais Richtung entladen kann. So bricht die Anspannung aus ihr heraus und ihre Traurigkeit hat keine Chance mehr, weiter in ihr zu wachsen. Sie stellt eine scheinbar sachliche Frage, deren Antwort sie bereits kennt, und schafft sich so einen Grund, wütend auf Kai sein zu können.

Altes Beschwichtigungsmuster: Kai

Kai spürt Susannes Anspannung und sie überträgt sich auf ihn. Er ist nun angestrengt dabei, sich und Susanne wieder zu beruhigen, denn er hat Angst vor einem Wutausbruch. Solche Situationen kennt er zur Genüge von seiner Exfrau, aber auch von seiner Mutter. Also antwortet er Susanne vorsichtig und herantastend, versucht dabei, die dahinterliegende Erwartung Susannes zu erraten und direkt zu erfüllen. Er konzentriert sich, damit er alles »richtig« macht. Er startet einen Beschwichtigungsversuch mit unrealistischen Versprechungen, Liebesschwüren und versucht, Susanne mit einem Kuss zu besänftigen.

Einstieg in den »alten Film«: Susanne und Kai

Susanne ist jedoch längst in ihrem »alten Film« von früher: Sie fühlt sich in ihrem Glaubenssatz »Ich bin nicht wichtig« bestätigt. Sie soll ruhig sein, sich mit leeren Versprechungen zufriedengeben, sich an Kais schwierige Situation anpassen. Dabei hat Kai ihre Situation nicht mitbedacht. Sonst hätte er Zoe in seinen alternativen Urlaubsplänen berücksichtigt. Auch sie ist anscheinend nicht wichtig für ihn. Dabei ist sie ihre Tochter, die es gerade schwer hat und ihre Unterstützung braucht.

Es ist wie früher, als ihre Eltern ihr und ihrer Schwester gemeinsam einen Hund gekauft haben, obwohl es nur der Herzenswunsch ihrer Schwester war. Sie wollte reiten, aber mit diesem Wunsch galt sie immer als gierig und undankbar. Jetzt bekommt sie Liebesbekundungen und ein Urlaubsversprechen und ist doch unglücklich.

Die Energie ist stark in der strengen Eltern-Ich-Instanz, die nun die Wirklichkeit bestimmt: Ihre Wahrnehmung ist richtig und Kai agiert falsch.

Jetzt ist auch Kai in seinem alten Film angekommen und seine Energie befindet sich in der strengen Eltern-Ich-Instanz: Er genügt nicht. Er kann machen, was er will. Er schafft es nicht, seiner Liebsten die Wünsche von den Augen abzulesen und sie zu erfüllen. Also muss er zusehen, dass wenigstens die Grundversorgung gesichert ist und nicht die ganze Familie existenziell bedroht wird.

Weitere Notfallstrategien

Kai startet das Notfallprogramm, das er schon als Kind immer angewendet hat: Er sorgt dafür, dass alles weiter funktioniert. Früher hat er seine jüngeren Brüder beruhigt und ihnen Butterbrote gemacht. Jetzt konzentriert er sich wieder auf das Vorbereiten des Abendessens.

Susanne ist ebenfalls hilf- und ratlos. Ihre Anspannung wird immer größer. Sie versucht sich abzulenken und findet schnell ein neues Ventil für ihre immer größer gewordene Wut: erst Zoe und dann Levy.

Exit

Jetzt ist das passiert, was Kai auf jeden Fall vermeiden wollte: Streit und Wutausbruch. Er kann sich nicht mehr zurückhalten, wird ebenfalls ausfallend und rettet nun sich und seine Kinder. Allerdings nicht seine Liebe.

WAS SIE TUN KÖNNEN

Formulieren Sie Ihr persönliches Eskalationsmuster

Vielen Paaren fällt es nicht schwer, ihr Eskalationsmuster darzustellen. Dabei werden die Verhaltensweisen und Reaktionen des jeweils anderen oft mit Worten wie »immer«, »nie«, »jedes Mal« beschrieben. Oder sie ziehen Vergleiche, etwa »wie eine dreijährige Prinzessin« oder »wie ein braver Junge, der Angst vor Mama hat«. Solche pauschalisierenden Worte werten einerseits den anderen ab, andererseits deuten sie ein Muster an, das Aufschluss über die Wirkung des eigenen Verhaltens auf den anderen geben kann.

Werten Sie nicht ab, gehen Sie achtsam mit Ihren Beschreibungen um, aber trauen Sie Ihren Empfindungen. Sie wissen nie, welche Wahrheiten Sie mit Ihren Äußerungen aus dem alten Film des anderen aufwühlen. Formulieren Sie daher liebevoll und wertschätzend. Beginnen Sie das Gespräch, indem Sie die letzte konkrete Situation aufgreifen, die Ihnen einfällt. Skizzieren Sie diese in einfacher, klarer Sprache und schreiben Sie ein kurzes Drehbuch. Sie dürfen zuspitzen und übertreiben und Sie dürfen dabei auch lachen! Vergewissern Sie sich aber sorgsam, dass der andere auch mitlachen kann. Das Ziel ist, dass der Inhalt im Konflikt zurücktritt und die Dynamik deutlicher zum Vorschein kommt.

Der Teufelskreis-Fragebogen

Achtung! Dies ist eine der anspruchsvollsten WORK-Sessions und bedarf vorher, währenddessen und hinterher ganz viel PATCH-Zeit. Es kann auch sein, dass Sie beim Lesen spüren, dass Sie sich erstmal allein damit beschäftigen wollen, bevor Sie Ihren Liebsten hinzuziehen möchten. Völlig in Ordnung! Trauen Sie Ihrem Bauchgefühl und nehmen Sie es ernst.

Beantworten Sie im ersten Schritt die Fragen jeweils für sich für Ihre eigene Situation und Regulationsfähigkeit in schwierigen Momenten. Legen Sie dann Ihre Notizen zur Seite. Nun schreiben Sie Ihren Eindruck für Ihren Liebsten auf. Dann tauschen Sie sich miteinander zunächst über Sie und dann über Ihren Partner oder umgekehrt aus. Seien Sie dabei äußerst achtsam und behutsam mit sich. Erinnern Sie sich daran, dass es auf eine Person stets zwei Perspektiven gibt: die Selbstbeschreibung und die Beschreibung Ihres Liebsten. Lassen Sie beide zu und kämpfen Sie nicht um ein Richtig und Falsch. Es sind Ihre Sichtweisen, die beide sein dürfen.

Wenn Sie spüren, dass Ihre Stimmung kippt oder es zu anstrengend wird, machen Sie eine Pause oder vereinbaren einen anderen Zeitpunkt, an dem Sie die Übung fortsetzen. Es ist nicht wichtig, dass Sie alle Fragen beantworten. Sie sollen eher Ihrer Inspiration dienen. Verlassen Sie sich auf Ihr Gefühl. Es kann auch sein, dass Sie die wunden Punkte zwar spüren, aber keine Worte dafür finden. Auch das ist in Ordnung. Gönnen Sie sich dann vielleicht professionelle Hilfe.

» **Auslöser**

- Welche typischen Situationen sind für Sie Auslöser?
- Mit welchen Themen hängen diese zusammen?

» **Alte Erinnerungen und Regulationsstrategien**

- Können Sie einen Themenkomplex erkennen, der sich öfter wiederholt?
- Was sind wunde Punkte, die Sie schon vor Ihrer aktuellen Patchworkerfahrung kannten?
- Welche Themen berühren Sie und lassen Ihre Energie in Ihre Kind-Ich-Instanz fließen? Gibt es konkrete Erlebnisse oder

Situationen, die Ihnen dazu einfallen? Woran merken Sie, dass die Energie in die Kind-Ich-Instanz fließt?

- Wird für Ihren Partner deutlich, dass Ihre Energie in der Kind-Ich-Instanz ist? Kann er Ihre Not erkennen? Oder werden Sie als bedrohlich wahrgenommen, als hätten Sie Ihre Energie im strengen Eltern-Ich?
- Beschreiben Sie Ihre alten Regulationsstrategien. Inwieweit erkennen Sie im heutigen Mechanismus noch den früheren kindlichen? Erkennen Sie Ihren »Kurzschluss«? (Zum Beispiel: »Wenn ich überfordert bin, schalte ich auf stur.«)
- Können Sie eine Verstrickung erkennen? (Zum Beispiel: »Wenn du hilflos bist und dich allein fühlst, dann wirst du streng und rigide – dann fühlst du dich so an wie meine Mutter, wenn sie böse auf mich war …«)

» Übertragung

- Beschreiben Sie das Verhalten Ihrer Liebsten in verschiedenen Versionen, möglichst losgelöst von Ihrer Bewertung (also beispielsweise »stiller Rückzug« statt »arrogantes Ignorieren« oder »hilfloses Verstecken«).
- Erkennen Sie durch Ihre Beschreibungen Ähnlichkeiten zu früheren Beziehungsdynamiken?
- Fallen Ihnen Vergleiche zu Beziehungen mit anderen Menschen ein? Trauen Sie sich ruhig, alle Einfälle zu nennen, auch wenn sie Ihnen zunächst abwegig erscheinen und nicht direkt klar wird, wieso Ihnen gerade dieser Mensch einfällt. Seien Sie gespannt, welche Parallelen sie aufspüren können: Wer von den Ihnen nahestehenden Personen hat sich früher so verhalten, wie Sie die Reaktion Ihrer Liebsten beschreiben würden?

» **Bestätigung des alten Glaubenssatzes**

- Wenn Sie das Verhalten Ihres Liebsten mit einem Appell an Sie (»Sei nicht wichtig!«) oder mit einer Aussage über Sie (»Du bist schuld!«) versehen sollten, welche wären das? Woher kennen Sie diese?
- Was löst diese Aussage oder dieser Appell bei Ihnen aus?
- Entdecken Sie beim Nachdenken über solche Aussagen oder Appelle alte Glaubenssätze, denen Sie auch heute noch anhängen?

» **Altes Beschwichtigungsmuster**

- Was sind Situationen, die Sie fürchten und in denen Sie bereit wären, über Ihre Grenzen hinaus etwas zu versprechen oder zu tun, um die Lage nicht eskalieren zu lassen?

» **Ihr »alter Film«**

- Berichten Sie von Ihrem alten Film. Was bedeutete eine solche Situation früher für Sie?

» **Weitere Notfallstrategien**

- Was fällt Ihnen zu Ihrem »Notfallmodus« ein? Wodurch wird er ausgelöst? Wo ist Ihre Grenze?
- Was geschieht, wenn Sie von der Kind-Ich-Instanz zur strengen Eltern-Ich-Instanz umschalten?

» **Ihre Exit-Strategie**

- Welche Exit-Strategie haben Sie?
- Was brauchen Sie, damit Sie nicht an den Punkt kommen, diese anwenden zu müssen?

Das Teufelskreis-Drehbuch

Nun haben Sie genügend Informationen, um Ihr persönliches Teufelskreis-Drehbuch zu schreiben. Ich empfehle Ihnen, eine Skizze zu zeichnen: die Reaktion des einen auf das auslösende Moment auf die eine Seite, dann die Aktion des anderen auf die andere Seite. Verbinden Sie beide Aktionen mit einem Strich. So wird deutlich, wie Sie sich in der skizzierten Situation gegenseitig aufstacheln. Überlegen Sie gemeinsam, ob es so für Sie beide stimmt, und korrigieren Sie, wenn nötig.

Es kann auch hilfreich sein, den Ablauf mit vertauschten Rollen zu betrachten. Fühlen Sie sich in die Position des anderen ein. Vielleicht spüren Sie nun, dass es Ausdruck seiner Not ist und kein bewusstes Kleinmachen Ihrer Person und Liebe, wenn er so vehement argumentiert. Oder Sie erkennen, dass die aus Ihrer Sicht vielleicht übertriebene Fürsorge Ihrer Partnerin ein Versuch ist, die Lage zu beschwichtigen und zu beruhigen, und sie keinen Ausdruck von Bevormundung beabsichtigt.

Es handelt sich hierbei um individuelle Notfallprogramme, auf die Sie und Ihr Liebster zurückgreifen, um sich in Sicherheit zu bringen. Sie tun dies beide für sich – nicht gegen den anderen. Je hilfloser ein Mensch ist, umso rigider sind seine Versuche, die Lage unter Kontrolle zu bringen. Nicht selten wird dabei der Liebste zum Diktator oder die Liebste zur Oberlehrerin und die sich in Not befindenden Kind-Ich-Anteile werden nicht gesehen. Das Wissen um diese Zusammenhänge hilft Ihnen, das ängstliche, traurige oder verzweifelte Kind-Ich im Hintergrund zu erkennen, es an die Hand zu nehmen und neue Lösungswege mit ihm zu suchen.

Auseinandersetzung wagen statt Trennung riskieren

Auseinandersetzen heißt, die einzelnen Baustellen genau zu betrachten, um die unterliegenden Themen sichtbar zu machen.

Erstellen Sie eine Baustellenliste und sortieren Sie diese nach diesen zwei Aspekten: Wer hat wofür die Verantwortung? Wer sollte was bearbeiten? Im Folgenden finden Sie eine beispielhafte Baustellenliste von Kai und Susanne.

1. Baustelle: Umgangssituation mit den Kindern. Kai ist froh, dass er die Kinder so oft sehen kann, wie es jetzt der Fall ist, und will daran nichts ändern. Allerdings will er auch seine Karriere vorantreiben. Das geht nur mit Susannes Unterstützung, die er schon selbstverständlich mit eingeplant hat.

Sein Trugschluss: Susanne wusste ja, dass er Kinder hat, also ist sie mit in der Verantwortung.

Tatsache ist: Seine Kinder sind seine Verantwortung und seine Baustelle. Wie kann er seine Ziele verwirklichen, ohne Susanne selbstverständlich mit einzubeziehen? Oder: Wie sieht eine Verhandlung mit Susanne aus? Was möchte sie für die Unterstützung haben?

Scheuen Sie sich bei diesen Betrachtungen nicht, eine nüchterne Kosten-Nutzen-Rechnung aufzumachen. Erst wenn Sie eine gut ausbalancierte, stabile Alltagsgestaltung haben, kann Ihre Liebe frei fließen. Wenn Susanne das Gefühl hat, nicht wichtig sein zu dürfen, ist sie auf der Nutzen-Seite im Minus; also braucht sie einen Ausgleich. Andernfalls kommt die Liebe unter die Räder.

2. Baustelle: Nadines Einfluss auf die gesamte Familiensituation. Die Kommunikation zwischen Kai und Nadine ist denkbar schlecht. Kai glaubt, dass seine Exfrau sehr unzufrieden mit ihrer Situation ist. Sie tut ihm trotz aller Boshaftigkeit auch leid und er hofft, dass es besser wird, wenn er es ihr recht macht.

Nadines Situation liegt nicht in der Verantwortung von Kai und Susanne. Das alte System (Nadine) versucht aber noch, Kai in die Verantwortung – oder eher Schuld – zurückzuholen. Es ist Kais Aufgabe, Position zu beziehen und Grenzen zu setzen. Dies ist ein Prozess in der alten Elterneinheit Nadine – Kai und somit Kais Baustelle. Es ist seine Herausforderung, eine klare Positionierung zu definieren und seine Erfahrungen bewusst den unterschiedlichen Familiensituationen zuzuordnen: Herkunftsfamilie, Exfamilie und aktuelle Patchworkfamilie. Durch dieses Sortieren können auch die Glaubenssätze hinterfragt und überdacht werden. Manchmal ist es sinnvoll, mit professioneller Hilfe eine Mediation oder eine Supervision in Anspruch zu nehmen.

3. Baustelle: Stabilisierung der neuen Familiensituation. In der Zeit, in der noch keine Klarheit im Umgang geschaffen ist und der akute Prozess in der alten Elterneinheit läuft, ist es Aufgabe des neuen Baumeisterpaares (Susanne und Kai), eine Familiensituation so zu organisieren, dass sie nicht ständig durch Nadines Unberechenbarkeit verunsichert und gestört wird.

Dies ist Kais und Susannes gemeinsame Baustelle. Unter anderem müssen die beiden Wege finden, wie sie sich unabhängig von Nadines Entscheidungen machen. Beispielsweise, indem sie für Ferienplanungen einen Plan B in ihre Überlegungen miteinbeziehen.

4. Baustelle: Zoe und der Wegzug des Vaters. Hier ist Susanne gefordert. Wie kann sie Zoe einerseits unterstützen und gleichzeitig Zoe die Abnabelung vom Vater selbst gestalten und bewältigen lassen? Wie kann sie gemeinsam mit Zoes Vater Zoe weiterhin Stabilität und Sicherheit geben, ohne dass sie ihr eigenes Leben zu sehr zurückstellen muss?

Es ist Susannes Baustelle, das Gefühl der Fremdbestimmung zu bearbeiten und sich zu behaupten. Ihre Herausforderung ist es, die Verantwortung für ihren eigenen Weg zu übernehmen und gleichzeitig in Beziehung mit den anderen Familienmitgliedern zu bleiben. Auch bei solchen Entwicklungsaufgaben kann es sinnvoll sein, professionelle Hilfe hinzuzuziehen, um alte Glaubenssätze sowie die unterschiedlichen Erfahrungen in den unterschiedlichen Familien zu sortieren und zu überdenken.

Solche Baustellen sind nicht mal eben schnell zu erledigen. Gehen Sie davon aus, dass diese Prozesse Zeit in Anspruch nehmen. Es gibt keine schnellen Lösungen. Deshalb sollte die vorrangige Frage für beide sein: Wie können wir es uns in dieser Baustellensituation bequem machen und trotzdem unsere Liebe spüren? Hierzu habe ich bereits einige Anregungen gegeben; nehmen Sie sich unbedingt immer Ihre gemeinsame Zeit für die Liebe. Gehen Sie bewusst die unterschiedlichen Baustellen an und machen Sie ebenso bewusst Pause und lassen Sie die Dinge stehen, wie sie sind, bis Sie wieder genug Energie und auch Lust haben, die Baustellen weiterzubearbeiten.

Es bringt meist Ruhe und Entspannung in die Liebesbeziehung, wenn beide Partner sich darauf einlassen und gemeinsam beginnen, die Baustellen zu sortieren sowie die Verantwortung für die einzelnen Baustellen zuzuordnen. Damit ist noch nichts gelöst, aber sich die Zeit für diese Baustellen zu nehmen und ihnen aktiv Raum zu geben, entspannt ungemein und gibt Freiraum. Nun können Sie beide planen, wie und wann Sie in welchen Beziehungsraum gehen und dort arbeiten wollen. Und zwischendurch darf die Liebe fließen!

Ein wichtiges Mittel, widrigen Streits vorzubeugen und dabei einander kennenzulernen, ist, dass Sie beide auf sich selbst und die eigenen Bedürfnisse achten und gleichzeitig liebevoll miteinander in Verbindung bleiben.

Sich selbst Rückendeckung geben

Die Beziehung zu unseren Eltern ist die erste Liebesbeziehung in unserem Leben. Als Baby brauchen wir unsere Eltern oder nahen Bezugspersonen, damit sie unsere Bedürfnisse erfüllen. Sonst überleben wir nicht. Es ist eine gesunde, symbiotische Beziehung. Je größer ein Kind wird, umso brüchiger wird die Symbiose, bis sie in der Pubertät oder im jungen Erwachsenenalter schließlich ganz endet, weil das Kind erwachsen ist.

In der späteren Liebesbeziehung zum Lebenspartner stehen sich im Gegensatz zur elterlichen Beziehung von Anfang an zwei Erwachsene gegenüber, die selbst für ihre Bedürfnisse verantwortlich sind. Dennoch verbinden viele Liebenden die Liebeserfahrung der symbiotischen Bedürfniserfüllung mit ihrer neuen Beziehung und glauben, nur der Partner könne dafür sorgen, dass man selbst glücklich werde. Oder sie glauben, sie selbst seien als Liebende für das Glück des Partners verantwortlich. Wir strengen uns dann ganz besonders an, herauszufinden, was seine Bedürfnisse sind. Dabei kommen unsere eigenen Sehnsüchte und Wünsche zu kurz oder wir erwarten, dass unser Partner sich im selben Maße um uns kümmert, wie wir uns um dessen Sehnsüchte und Erwartungen kümmern.

Die eigenen Bedürfnisse und Ziele kennen

Wenn Sie nun Ihre Liebesbeziehung entflechten wollen und Ihren Partner aus der Verantwortung für Ihre Bedürfnisse entlassen wollen, dann ist der erste Schritt, herauszufinden, was Sie selbst wollen und brauchen. Was sind Ihre Ziele – unabhängig von den Erwartungen anderer Personen und insbesondere von denen Ihres

Partners? Der zweite Schritt ist dann, dass Sie sich bewusst selbst Rückendeckung für Ihre Ziele und Bedürfnisse geben und offen sind für einen Austausch mit Ihrem Gegenüber. Wie Ihnen das gelingen kann, erfahren Sie auf den folgenden Seiten.

WAS SIE TUN KÖNNEN

Entdecken Sie Ihr Kind-Ich

Unabhängig von Ihrer jetzigen Situation mit den realistischen Pflichten und Verantwortlichkeiten macht es Sinn, sich einmal vor Augen zu führen, was Sie sich vom Leben wünschen. Was ist Ihre Vision von der Zukunft? Nehmen Sie für einen Moment den Realitätsanspruch heraus und begeben sich ins Land der Träume und Sehnsüchte. Setzen Sie sich zusammen hin, machen Sie es sich gemütlich und stellen Sie sich gegenseitig die folgenden Fragen. Hören Sie sich gegenseitig zu und lassen Sie sich überraschen, wohin Sie die folgenden Gedankenexperimente führen. Denken Sie dabei daran, dass jeder für sich – und nicht gegen den anderen – träumt:

- Stellen Sie sich vor, Sie dürften Regisseur in Ihrem Lebensfilm sein und hätten alle Freiheiten, Ihr Leben zu gestalten. Wie sähe es aus? Was wären wichtige Ereignisse, die in Ihr Leben gehören?
- Wie sieht Ihr Leben in zehn Jahren aus?
- Stellen Sie sich vor, Sie träfen eine Fee und Sie bekämen die Möglichkeit, sich drei Wünsche erfüllen zu lassen. Welche wären das?
- Stellen Sie sich vor, Sie hätten die Möglichkeit, den Alltag ganz nach Ihren Wünschen auszurichten. Was würden Sie ändern?

Wenn Sie diese Übung gemeinsam gemacht haben, fassen Sie doch kurz zusammen, welche Erkenntnisse Sie darüber gewonnen haben, was für Ihren Partner wichtig ist. Versuchen Sie klar und knapp zu formulieren und lassen Sie sich korrigieren. Wenn Sie sich einig sind, tauschen Sie die Rollen. Genießen Sie Ihr gegenseitiges Verständnis und lassen Sie die Zukunftsvisionen wirken.

Geben Sie sich selbst Rückendeckung

Diese Übung ist wohltuend und sinnvoll, wenn Sie das Gefühl haben, allein zu sein und nicht verstanden zu werden. Mit dieser Fantasiereise geben Sie sich selbst Rückendeckung. Sie, Ihre Bedürfnisse, Empfindungen und Wahrnehmungen sind genau richtig. Entlasten Sie Ihre Liebe, indem Sie Ihren Partner aus der Verantwortung entlassen und sich selbst die nötige Kraft und Stärke geben, für sich und Ihre Bedürfnisse einzustehen und sie klar und deutlich zu formulieren.

Gehen Sie an einen Ort, an dem Sie sich gerne aufhalten. Vielleicht haben Sie einen »Kraftort« in der Natur oder in Ihrem Zuhause und machen es sich dort gemütlich. Schließen Sie die Augen und stellen Sie sich nun einen idealen Ort zum Wohlfühlen vor. An diesem Ort fühlen Sie sich geborgen, sicher und gut aufgehoben. Was ist das für ein Ort? Schauen Sie sich um, was fällt Ihnen auf? Während Sie sich ruhig und entspannt dort für eine Weile einrichten, gesellt sich ein Wesen, dem Sie alles erzählen können, zu Ihnen. Es ist Ihnen sehr vertraut und wohlgesonnen. Es ist interessiert an Ihren geheimsten Wünschen, Träumen und Ideen. Es ist ein Helferwesen – wie sieht es aus? Hat es tierähnliche Züge? Ist es ein magisches Wesen? Welche Eigenschaften hat es? Sie spüren die positive, kräftigende Energie, die von ihm ausgeht und Sie stärkt. Es ermutigt Sie, zu Ihren großen Herzensanliegen zu stehen und scheinbar kleine, nichtige Dinge wichtig zu nehmen. Es steht auf Ihrer Seite und hilft Ihnen mit seiner Weisheit und Stärke, Verantwortung für Ihr Wollen zu übernehmen. Es weiß um Ihre Stärken und Schwächen und alltäglichen Einschränkungen und hilft Ihnen, das Maß auszuloten, das Sie brauchen, um sich darin wohlzufühlen. Es gibt Ihnen Rückendeckung und hilft Ihnen, Ideen und Visionen in die Wirklichkeit umzusetzen. Sie können dieses Wesen immer, wenn Sie es brauchen, um Rat fragen und sich mit ihm treffen. Vereinbaren Sie eine Geste oder einen Gedanken mit ihm, damit es weiß, wann Sie es brauchen, und es wird zur Stelle sein. Verabschieden Sie sich nun fürs Erste von Ihrem »inneren Mentor«, atmen Sie dreimal tief durch und kommen Sie zurück ins Hier und Jetzt. Öffnen Sie die Augen und rekeln und strecken Sie sich.

Liste für den Selbstcheck

Als Fazit, aber auch als Vorbereitung für das nächste Kapitel ist es gut, eine Liste mit den eigenen Herzensanliegen zu erstellen. Es ist nicht wichtig, ob sie zueinander und realistisch in Ihr Leben passen. Die Liste ist nur für Sie selbst. Punkte, die Ihren Standpunkt und Ihre Persönlichkeit, Ihre Sehnsüchte klar werden lassen. Je klarer diese für Sie sind, umso mehr Freiheit haben Sie, sich auf die Punkte Ihres Partners einzulassen und diese wirklich zu verstehen.

- Meine Energiespender: Herzens- oder Freudenpunkte
- Meine Ziele: wofür es sich anzustrengen lohnt
- Worauf ich nicht verzichten will
- Punkte, an denen ich auf mich aufpassen muss
- Träume zu zweit

In diesem Kapitel ging es um Irrungen und Wirrungen unserer Beziehungen. Die menschliche Seele richtet sich mit ihren Bedürfnissen nicht so sehr nach Zeit und Ort, auch nicht nach Familienzugehörigkeit und Generation. Vielmehr sind vor allem die Qualität und die Dynamik einer Situation bestimmend für unser Wohlbefinden in unseren Beziehungen. Damit die Liebe frei fließen kann und die Liebenden offen für- und miteinander ihre Beziehung gestalten und leben können, ist eine Auseinandersetzung mit der eigenen Persönlichkeit Voraussetzung. Erst wenn Sie sich selbst gut kennen und die Verantwortung für Ihre Bedürfnisse und Sehnsüchte übernehmen, können Sie Ihren Partner liebevoll aus der Fürsorgepflicht entlassen und genießen, was Ihnen freiwillig entgegengebracht wird. Jeder ist für sich selbst verantwortlich und Sie sind zusammen, weil Sie sich füreinander entschieden haben. Wie kann eine solche freiwillige Liebe, die mit vielen Abhängigkeiten verbunden ist, aussehen und Ihnen eine Perspektive für die Zukunft geben?

Luftschlösser bewohnbar machen – Die gemeinsame Wir-Vision entfalten

Während Sie sich immer mehr kennen- und lieben lernen, sich auseinandersetzen und die eine oder andere Hürde nehmen, kommt Ihnen wahrscheinlich auch manche Idee über die gemeinsame Zukunft in den Sinn: So könnte oder sollte Ihr gemeinsames WIR aussehen. Oder es tauchen von Zeit zu Zeit Befürchtungen auf, dass es einen von Ihnen in eine Richtung zieht, in die der andere nicht mitgehen will. Wie können Sie nun respektvoll und achtsam eine gemeinsame Perspektive entwickeln, mit der Sie sich beide – und in einem weiteren Schritt auch Ihre Kinder – wohlfühlen? Wie schaffen Sie Raum und Gelegenheit, sich in Liebe über Ihre Ideen und Befürchtungen auszutauschen?

Oftmals geht es dabei um grundlegende Themenkomplexe, die es zu überprüfen lohnt. Nutzen Sie diese Auflistung, um zu prüfen, an welcher Stelle bei Ihnen noch Auseinandersetzungsbedarf besteht und bei welchen Themen Sie sich zurücklehnen und freuen können, dass Sie diese bereits geklärt haben.

» **Lebensmittelpunkt:** Ziehen wir zusammen? An welchem Standort? Ziehst du zu mir? Oder ziehe ich in dein Haus?
» **Gesundheit:** Was brauchst du, was brauche ich, um gesund und in Balance zu leben? Sport, Ernährung, Ausgleich, Entspannung, therapeutische Unterstützung ...?

- **Rechtliche und finanzielle Grundkonstruktion der Beziehung:** Wollen wir heiraten? Wann wirst du geschieden sein? Welche finanziellen Verpflichtungen hast du und welche habe ich? Was verdienst du, was verdiene ich? Was können, was wollen wir damit verwirklichen?
- **Familiäre Verpflichtungen:** Wie sieht deine Verpflichtung oder dein Kontakt- und Fürsorgewunsch – auch perspektivisch – für deine Kinder aus? Wie für deine Eltern und Geschwister? Umgekehrt: Welchen Verpflichtungen komme ich gegenüber meinen Kindern, Eltern, Geschwistern nach?
- **Rollenvorstellungen:** Welche Rolle willst du, welche will ich übernehmen? Wie gehen wir mit Haushalt, Dienstleistungen für unsere Kinder und sonstiger unbezahlter Arbeit um? Wer braucht wie viel Energie, Zeit und Unterstützung für Beruf, Kinder und sonstige Tätigkeiten?
- **Grundlegende Bereiche des Lebensalltags:** Welche Rolle spielen Religion und Glaube für dich und mich? Wie wichtig ist es für dich und für mich, einen Teil der Freizeit allein zu verbringen? Welche anderen wichtigen Freundschaften werden in meinem und in deinem Leben eine Rolle spielen? Welche Hobbys und Leidenschaften nehmen Raum im Alltag ein?[7]

Wenn Sie alle Punkte mit einem guten Gefühl abhaken können, haben Sie schon ein gutes Fundament für Ihre gemeinsame Zukunft gelegt. Vielleicht sind die folgenden Seiten dann eine wohltuende Bestätigung für Sie. Genießen Sie Ihren gemeinsamen Lebensentwurf und freuen sich an dem bereits Gelungenen!

Sollten Sie merken, dass es Punkte gibt, an denen sich ein Widerstand meldet oder bei denen Sie nicht recht wissen, wie Sie dazu stehen, dann ist dieses Vorgehen für Sie hilfreich: Bauen Sie – und ebenso Ihr Partner – Ihr Luftschloss, in dem alles so ist, wie es in

Ihren schönsten Träumen aussieht. Überlegen Sie sich dann beide, was Ihre Luftschlossvorstellung für Ihre jetzige Lebenssituation und für Sie beide bedeuten könnte. Bauen Sie dann ein gemeinsames Luftschloss im Hier und Jetzt und erstellen Sie schließlich eine WIR-Collage. Am Beispiel von Ali und Frida erläutere ich im Folgenden, wie Sie auf diese Weise Ihre gemeinsame Zukunft entwerfen können.

Das Luftschloss bauen

Ali und Frida kamen in die Beratung, weil sie alles richtig machen wollten. Sie waren entschlossen, gemeinsam ihr Leben zu gestalten, und wollten demnächst heiraten. Sie hatten viel über die genannten Punkte gesprochen und waren sich eigentlich einig. Nur Frida hatte ein mulmiges Gefühl bei der Vorstellung, mit den insgesamt drei Kindern (Alis Tochter Sophia, 14 Jahre alt, und Fridas Söhne Max und Julian, 5 und 7 Jahre alt) in Alis Haus zu ziehen, in dem er mit seiner Exfrau Isabelle und Sophia schon zehn Jahre lang gelebt hatte. Ali hatte dort viel selbst gebaut, daher hing er sehr an diesem Haus. Sophia war vor vier Jahren mit ihrer Mutter in eine Wohnung im nächsten Ort gezogen und verbrachte jedes zweite Wochenende bei ihm.

Ali beteuerte, dass Frida sich natürlich wohlfühlen und das Haus auch ihres werden sollte. Frida aber sah in dem Haus überall Bezugspunkte zu Isabelle und hatte Sorge, dass sie ihren Platz darin nicht finden würde. Immer wieder sprach sie Dinge an, die sie verändern wollte, und merkte an Alis Reaktion, dass noch viele Erinnerungen mit der jetzigen Einrichtung verbunden waren und er sie eigentlich nicht verändern wollte …

Wegen dieses unbestimmten Unwohlseins nehmen die Liebenden Hilfe in Anspruch. Auch wollen sie die Kinder von Beginn an liebevoll und bestimmt mit in ihre Pläne einweihen. Dieses achtsame Vorgehen ist von großem Vorteil für die Beratung. Es sind noch keine Verstrickungen und Verletzungen entstanden. Ganz behutsam können die beiden nun eine Vorgehensweise entwickeln, bei der die beiden diesem wichtigen Thema achtsam nachspüren, sich darüber in geschütztem Rahmen austauschen und auseinandersetzen können.

WAS SIE TUN KÖNNEN

Seien Sie aufmerksam und achten Sie auf Widerstände!

Bei so entscheidenden Punkten in ihrem Leben weisen ein Grummeln im Bauch, Herzstiche, Gliederschmerzen oder einfach ein unverständlich langes Zögern bei einer Entscheidung auf einen Widerstand hin, der sehr wichtig für Sie sein kann. Tun Sie daher Ihre Kopf- oder Bauchschmerzen nicht als lästige Störung ab und beruhigen Sie sich nicht mit Argumenten oder gutem Zureden wie »Wird schon werden!«. Danken Sie Ihrem Widerstand, denn er ermöglicht Ihnen, Ihren eigenen Bedürfnissen und Wünschen im weiteren Prozess mehr Raum zu geben.

Stellen Sie sich vor, Sie könnten ganz allein entscheiden!

Verabreden Sie sich zu einem Gedankenexperiment. Tun Sie so, als ob Sie Ihre Zukunft allein entwerfen könnten. Sie dürften entscheiden, wo und wie Sie leben und wie Ihr Alltag aussähe. Dabei müssen Sie sich nicht an der Realität orientieren. Alle unliebsamen Bedingungen, Einschränkungen und Begrenzungen sind nicht da, Sie haben die freie Wahl! Wie sähe Ihre optimale Zukunft aus? Lassen Sie Ihrer Fantasie freien Lauf, orientieren Sie sich dabei einzig und allein an Ihren Bedürfnissen, Sehnsüchten und Träumen. Bauen Sie Ihr Luftschloss und seien Sie gespannt, was dabei herauskommt.

Hören Sie sich gegenseitig gut zu. Dieser Luftschloss-Entwurf hat noch nichts mit Ihrer gemeinsamen Realität zu tun, wohl aber sehr viel mit den Bedürfnissen und Träumen Ihres Partners. Achten Sie gut auf Ihre Reaktion. Wie wirkt dieses Luftschloss auf Sie? Was löst es bei Ihnen aus? Beschreiben Sie die Wirkung wohlwollend und achtsam. Lassen Sie dabei unbedingt die Realität aus dem Spiel. Folgen Sie Ihrem Gegenüber in sein Luftschloss und stellen Sie sich vor, wie es sich dort leben lässt. Was gefällt Ihnen? Was ist unklar und lässt Fragen aufkommen? Und was macht Ihnen vielleicht sogar Angst? Lassen Sie dieses Luftschloss einfach so stehen, machen Sie Pause und wechseln Sie dann die Rollen.

Frida kam bei Ihrem Luftschloss immer mehr in Fahrt. War sie anfangs noch gedanklich bei Alis Haus und wünschte sich vorsichtig größere Räume, löste sie sich nach einiger Ermunterung zunehmend und beschrieb ihre Zukunftsvision. Sie wohnte in einem Haus mit angrenzender Weide und eigenen Pferden. Das Leben spielte sich hauptsächlich draußen ab und drinnen gab es einen Ofen, an dem man sich abends traf. Es gab viele Menschen, die dort zusammenarbeiteten, aber auch gut und liebevoll miteinander umgingen. Sie war hauptverantwortlich, durfte und musste viel bestimmen und lief nur in Gummistiefeln oder Flipflops herum.

Eine Gefahr bei dieser Übung ist, dass das Luftschloss als Angriff auf Ihre Realität gesehen wird. Wenn Sie es schaffen, gänzlich »out of the box« zu denken und das Luftschloss nicht mit Ihren Gegebenheiten zu verbinden, können Sie später gemeinsam überlegen, was das für Ihre Realität bedeuten könnte. Hier ist es zunächst wichtig, diesen Bezug nicht herzustellen.

Ali war sehr erstaunt über Fridas Bild. Sein Haus hatte nur einen sehr kleinen Garten, der unscheinbar gestaltet war. Und es gab klar abgegrenzte Räume, das war Isabelle immer wichtig gewesen, damit jeder auch mal seine Ruhe haben konnte. Fridas offenes, großzügiges Konzept war völlig neu für ihn. Ali brauchte etwas Anleitung, bis er sich auf Fridas Bild einlassen konnte. Er spürte, wie ihm warm ums Herz wurde. Er konnte sich gut vorstellen, wie Frida Haus und Hof im Griff hatte und sie als Seele des Luftschlosses alles am Laufen hielt. Die Erlaubnis, sich mit in diesem Luftschloss bewegen zu dürfen, machte Ali gute Laune. Er bekam Lust, etwas zu bauen und mitzumischen. Allerdings hatte er auch das Gefühl, dass er einer unter vielen war und keine große, exklusive Rolle für Frida spielte. Wo war Platz für Zweisamkeit und ihre Liebe? Welche Bedeutung hatte diese für Frida in diesem Bild? Auch kannte er Frida als eine Frau, die sich gerne schick machte und einige Ansprüche an Komfort und Bequemlichkeit hatte. Gerne wollte sie wie eine Prinzessin gesehen werden. Wo war diese Seite in ihrem Bild?

Es braucht einiges an Mut, sich seine Ideen und – vielleicht sogar für einen selbst erstaunliche – Träume zu erzählen. Es verlangt einem auch Offenheit ab, diese Träumerei nicht als »Rumspinnerei« oder als »Kinderspiel« abzutun. Ermuntern und unterstützen Sie sich gegenseitig, in diesen Flow der Kreativität und Neugier zu kommen. Das Experiment darf leicht und unbeschwert sein und Spaß machen!

Ali fiel es schwer, sich von der Realität zu lösen. Er befand sich in einer schwierigen Situation mit seiner Exfrau, aber auch mit seiner

Herkunftsfamilie. Ihm kam immer nur eine einsame Insel in den Sinn, auf der er allein mit Frida war. Ohne Kinder, ohne Arbeit, ohne jegliche Verpflichtung.

Überfordern Sie sich nicht und erwarten Sie keine ausgeschmückten Märchenbilder und bis ins letzte Detail durchdachten Luftschlösser. Akzeptieren Sie die Vorstellung, die Ihnen für den Moment in den Kopf kommt, und genießen Sie sie.

Ali und Frida waren beflügelt von der neuen Freiheit, die die Luftschlösser ermöglichten. Es gab viele Fragen zu klären und beide waren neugierig, mehr über das Luftschloss des anderen zu erfahren. Sie beschlossen, die Luftschlösser weiter zu erkunden und dann den nächsten Schritt zu tun.

Nehmen Sie diese Übung mit in Ihren Alltag, lassen Sie Ihre Vorstellungen wirken und beobachten Sie, was diese mit Ihnen machen. Welche Erinnerungen kommen vielleicht ins Bewusstsein? Welche Ideen entwickeln Sie? Lassen Sie Ihrer seelischen Bewegung freien Lauf, beobachten Sie sie und nehmen Sie sie achtsam wahr.

Das Luftschloss in die Realität übersetzen

Mit der Vorstellung Ihres Luftschlosses haben Sie sich einen Zugang geschaffen zu Ihren Bedürfnissen, Wünschen und Träumen aus Ihrer Kind-Ich-Instanz. Diese gilt es im zweiten Schritt ins Hier und Jetzt zu übersetzen. Was hat das Luftschloss mit Ihrer jetzigen Lebenssituation zu tun? Wie kann es Sie weiterbringen auf dem Weg in eine gemeinsame Zukunft?

Frida war selbst überrascht von ihrem Bild der Pferdeweide. Sie war früher zwar geritten, hatte aber schon jahrzehntelang nichts mehr mit Pferden zu tun gehabt. Ali war bereits gedanklich dabei, ihr ein Pflegepferd in einem Pferdestall zu organisieren, aber darauf kam es Frida gar nicht an. Für sie bedeutete das Bild eher einen Hofbetrieb, für den sie zuständig war. Pferde müssen versorgt werden, das bedeutete handfeste Arbeit ohne Diskussionen. Sie war verantwortlich für das Wohl der Tiere. Verantwortung zu übernehmen war bisher nicht gerade Fridas Königsdisziplin gewesen. In ihrem Luftschloss aber waren viele Menschen an ihrer Seite, die halfen und liebevoll miteinander umgingen. Und die Arbeit durfte auch Spaß machen. Sie könnte sich so einen Hofbetrieb auch mit Ali und den Kindern vorstellen. Sie brauchte dafür auch keine Pferde – es ging ihr in erster Linie um die Atmosphäre, die auf diesem Hof herrschte. Sie sah auch ein, dass dies für sie selbst in ihrer persönlichen Entwicklung einen großen Schritt bedeutete. Sie musste Abstriche in ihrer Bequemlichkeit machen und zur verantwortlichen Königin werden, die diesen Hofstaat regierte. Und zwar so, dass es allen gut ging. Für Frida war das eine neue und wichtige Erkenntnis. Die wollte sie weiter beobachten und erkunden.

Wie passt ein solches Bild in Ihre Liebesbeziehung? Was macht Ihre Vorstellung mit Ihnen beiden? Finden Sie sich wieder? Oder ist es ein Bild, mit dem sich einer von Ihnen nicht wohlfühlt?

Ali war in seinem Luftschloss raus aus der Verantwortung und hatte viel Freiraum für Zweisamkeit und seine Lust, zu bauen und zu werkeln. Im Alltag sprang er ständig von einem Brandherd zum nächsten und versuchte, die Erwartungen anderer zu erfüllen. So auch Fridas. Er spürte, wie sehr es ihn entlastete, dass sich Fridas »Prinzessinnenenergie« in eine wohltuende »Hausherrinnenkraft« verwandelte.

Auch bei ihm kam ein Energiefluss in Gang. Er konnte es noch nicht in Worte fassen, aber es fühlte sich neu und gut an.

Wenn die individuellen Bedeutungen der Luftschloss-Entwürfe klarer werden und Sie sich gemeinsam dort wiederfinden, dann kann das Bild auch für Ihre Liebesbeziehung seinen Sinn entfalten und als Leitlinie fungieren. Sie können dann sicher sein, dass Liebe, Lust und Leidenschaft in der Grundlage für Ihre gemeinsame Zukunft gut verankert sind.

Wenn Sie sich selbst nicht wiederfinden oder Sie das Gefühl haben, Sie werden in eine Schablone gesteckt, in die Sie gar nicht hineinpassen und auch nicht hineinpassen wollen, dann verweilen Sie bei dem Bild und erforschen Sie es.

WAS SIE TUN KÖNNEN

Gehen Sie gemeinsam auf Forschungsreise!

Tauschen Sie sich über Ihr Luftschloss und die Bedeutung, die es für Sie hat, aus! Seien Sie sich bewusst, dass dieser Prozess ein Erforschen und Erkunden Ihrer unbewussten Anteile ist. Im Bild Ihres Luftschlosses verstecken sich wichtige Hinweise zu Ihren Wünschen, Sehnsüchten und unbewussten Vorstellungen, die es zu enträtseln gilt. Übersetzen Sie das Bild nicht eins zu eins in die Realität, sondern befragen Sie sich gegenseitig nach Erinnerungen, Erfahrungen, Einfällen und Assoziationen zu den Bildern und lassen Sie sich wie ein Detektiv auf diese Spurensuche ein. Und seien Sie offen für das, was Sie dabei erfahren.

Erstellen Sie ein Anforderungsprofil für Ihren Partner

Beschreiben Sie Ihre Vorstellung der Beziehung in Ihrem Luftschloss genauer und achten Sie dabei besonders auf die Anforderungen und Erwartungen, die Sie an den Mann oder die Frau an Ihrer Seite haben:

- Wie verbringt Ihr Partner seinen Alltag in Ihrem Luftschloss? Wofür ist er verantwortlich?
- Was sind Gemeinsamkeiten?
- Wo unterscheiden Sie sich?
- Wie sieht Ihre gemeinsame Zeit aus?
- Welche Eigenschaften Ihres (imaginierten) Partners sind in Ihrem Luftschloss sehr von Vorteil?

Lassen Sie diese Beschreibung auf sich wirken und erstellen Sie ein Anforderungsprofil für Ihren Traumpartner. Sie müssen sich auch hier nicht an der Realität orientieren, sondern können Ihren Wünschen und Sehnsüchten freien Lauf lassen.

Die Zukunftsvision Ihrer Beziehung

Bevor Sie nun das, was Sie durch die Detektivübung erkannt haben, zu sehr zerreden, schlage ich Ihnen vor, das Medium zu wechseln. Nehmen Sie sich beide ein Blatt Papier und einen Stift zur Hand, setzen Sie sich jeweils für sich an einen eigenen ungestörten Platz und malen Sie ein Bild von Ihrer Zukunftsvision mit all dem, was Sie nun voneinander verstanden haben. Es kommt dabei nicht auf Ihre Kreativität oder Ihr künstlerisches Können an, sondern einzig darauf, dass Sie das, was Sie erfahren haben, festhalten. Lassen Sie sich von Ihren Impulsen leiten.

Auf Alis Bild wurde Fridas Ofen zu seiner Insel. Hier war eine dicke Grenze für alle anderen. Drum herum waren Trubel und es herrschte ein stetiges Kommen und Gehen. Ali wurde klar, dass er einen sicheren Ort für ihre Liebe haben wollte, egal wo sich dieser befand.

Frida hatte ihren Hofbetrieb auf eine Insel gemalt, weit weg von Isabelle. Und Ali als König neben sich als Königin auf die Insel gesetzt. Um das Königspaar malte sie einen Kreis, der sie als zentrales Element herausstellte und ihnen einen Bereich nur für sich zugestand.

Zeigen Sie sich gegenseitig Ihre Bilder und erzählen Sie einander davon. Verständnisfragen sind erlaubt, Beurteilungen oder Abwertungen sind nicht gestattet. Sie werden merken, dass Sie durch diese Übung und den Austausch ein gutes Gespür dafür bekommen, was Ihnen und Ihrem Partner wichtig ist und worauf Sie beim nächsten Schritt, dem gemeinsamen Puzzle, achten müssen. Dabei ist es nun besonders Ihre Aufgabe, genau hinzuspüren, wie Ihre eigenen Bedürfnisse und Wünsche eingebunden werden.

Überprüfen Sie, ob und wie Sie sich aufgehoben fühlen!

Fühlen Sie sich in diesem Prozess gut aufgehoben? Fühlen Sie sich geborgen, sicher und liebevoll behandelt? Dann wird Ihnen die Tatsache, dass es keine schnellen Entscheidungen oder Lösungen hinsichtlich Ihres künftigen Zusammenlebens oder bestimmter Lebensbereiche gibt, nicht viel ausmachen. Sie spüren die Entwicklung, der Prozess ist das eigentliche Erlebnis. Das Ergebnis oder das Ziel rückt in den Hintergrund und ändert sich stetig – so wie das Leben insgesamt.

Oder spüren Sie, dass Sie zwar Vertrauen in Ihren Partner haben, allerdings Ihre Wünsche und Bedürfnisse an vielen Punkten aufgehoben – und nicht nur verschoben – wurden? Scheuen Sie sich nicht, genau hinzuhören und in sich hineinzuspüren. Nutzen Sie die Chance, hier gut für sich und Ihre Liebe zu sorgen. Achten Sie auf Ihre Wünsche und Bedürfnisse und übernehmen Sie dafür die Verantwortung. Damit entlasten Sie Ihre Liebe und bauen ein großes, breites Fundament dafür, dass Ihr Luftschloss bewohnbar wird.

Das Luftschloss bewohnbar machen

Die bisherigen Entwürfe dienen dazu, sich über Ihr gemeinsames WIR zu verständigen und sich einander anzunähern. Ihr WIR ist ganz und gar auf Sie und Ihre individuellen Bedürfnisse und Wünsche zugeschnitten. Ihr WIR gibt es nur einmal. Machen Sie sich also frei von all den Vorstellungen darüber, was man eigentlich tun müsste oder tun sollte. Erlauben Sie sich, Ihren Kopf und Ihre Gedanken für Ihre Herzenswünsche einzusetzen. Und versuchen Sie erst gar nicht, Ihre Herzenswünsche an eine vorgestanzte Schablone anzupassen. Da passen Sie nicht hinein!

WAS SIE TUN KÖNNEN

Treffen Sie sich regelmäßig zu einem Luftschlossbau-Ritual

Nehmen Sie sich für diesen Prozess Zeit. Haben Sie Geduld und schauen Sie voller Liebe und Großmut auf Ihre jeweiligen Eigenheiten. Seien Sie achtsam und lassen Sie viel Raum für Ihre Gefühle. Stellen Sie Fragen und seien Sie neugierig auf die Antworten. Staunen Sie darüber, dass Sie wahrscheinlich an verschiedenen Tagen auch verschiedene Antworten erhalten.

Wenn Sie das Gefühl haben, Sie kennen sich in Ihrem Luftschloss gut genug aus und haben zusätzlich ein klares Gespür, worauf es Ihnen beiden ankommt, dann können Sie damit beginnen, das Luftschloss in die Realität zu holen.

Passt Ihr Partner in Ihr Luftschloss?

Können Sie mit dieser Vorstellung leben? Wie wirkt das Anforderungsprofil, das Ihr Partner an Sie gestellt hat, auf Sie, wenn Sie es auf sich anwenden? Falls es für Sie nicht passend ist, überprüfen Sie auch, wie ein solcher Mann oder eine solche Frau sein müsste. Gibt es einen solchen Menschen? Oder ist es ein in sich widersprüchliches Bild, das überhaupt nicht lebbar ist? Wenn das der Fall sein sollte, dann ist es vielleicht spannend zu erforschen, wie Sie auf ein solches Bild gekommen sind und welche Eigenschaften Sie priorisieren.

Machen Sie ein Brainstorming

Auf Grundlage Ihrer Erfahrungen und Erkenntnisse des bisherigen Prozesses gibt es mehrere Möglichkeiten, in welche Richtung der nächste Schritt gehen könnte. Erstellen Sie eine Liste und schreiben Sie alle auf. Es dürfen ruhig unrealistische Varianten dabei sein. Auch gilt es hier noch nicht, die persönlichen Widerstände und Beschränkungen aller mit einzubeziehen, sondern es wird alles, was theoretisch möglich wäre, auf diese Liste geschrieben. Die Verantwortung, was für einen persönlich geht und was nicht, übernimmt jeder für sich. Notieren Sie ebenso alle Pros und Contras und ebenso die Fragen, die es noch zu klären gibt. Auch Ali und Frida haben eine solche Liste geschrieben:

1. **Frida und alle Kinder ziehen zu Ali ins Haus.**
   - Es wird ein großer Umbau gemacht, es kommt ein Ofen ins Haus.
   - Ein Hund wird angeschafft.

» Sophia wird möglichst schnell mit einbezogen und das Dachgeschoss wird für sie ausgebaut.

Offen bleibt:

» Findet Frida einen Job?
» Ist Fridas Exmann mit der dann zu ändernden Umgangsregelung einverstanden?
» Schafft Ali es, im alten Haus einen Neuanfang zu starten? Wie kann dieser aussehen?
» Schafft Frida es, mit Isabelles Vergangenheit in diesem Haus abzuschließen und die neue Hausherrin zu werden? Was braucht sie dafür?

2. **Alle ziehen in ein neues Haus, vielleicht sogar in einen anderen Ort.**
   » Die Suche nach einem geeigneten Haus beginnt.
   » Finanziell wahrscheinlich aufwendiger.
   » Größere seelische Gestaltungsfreiheit für beide, da das Haus nicht mit Erinnerungen behaftet ist.
   » Isabelle spielt immer weniger eine Rolle.

Offen bleibt:

» Findet Frida einen Job?
» Was braucht Ali, um das alte Haus loszulassen?
» Wie wird es Sophia damit gehen?

Nun muss jeder für sich entscheiden, was machbar erscheint. Falls Ihr Favoritenvorschlag bei einem von Ihnen nicht auf Zustimmung stößt, fangen Sie nicht an, sich gegenseitig überreden oder überzeugen zu wollen. Akzeptieren Sie die momentane Antwort und suchen Sie weiter nach Vorschlägen. Ist nach diesem Vorgehen kein Vorschlag auf der Liste mehr übrig, gehen Sie noch einmal einen oder zwei Schritte zurück, dann ist ein wichtiger Part wahrscheinlich noch nicht berücksichtigt worden.

Ali und Frida haben es sich nicht leicht gemacht, sich jedoch nach langem Spüren und Überlegen für ein neues Haus entschieden. Ali ist nun dabei, herauszufinden, was er braucht, um sein altes Haus loszulassen.

Dieser gesamte Prozess ist nicht einfach. Und Sie brauchen für dieses WORK zwischendurch immer wieder PATCH-Pausen. So kommen Sie Ihrer WIR-Gestalt Stück für Stück näher. Und ganz nebenbei üben Sie das Patchwork-Prinzip ein, das Ihre Patchworkfamilie auch in Zukunft immer begleiten wird. Jeder einzelne Schritt und jedes kleine Teil ist wichtig und will beachtet werden. Bestenfalls wechseln sich dabei PATCH und WORK ab.

Die WIR-Collage: Ein selbstbewusstes Familienbild entsteht

Wahrscheinlich haben Sie längst gemerkt, dass Sie dabei sind, den gesellschaftlich als üblich angesehenen Familienweg neu zu erfinden. Sie machen sich frei von Normen und Prinzipien, von Selbstverständlichkeiten und Gewohnheiten, orientieren sich nicht an Maßstäben und Ansprüchen anderer, sondern an Ihren eigenen Wünschen und Bedürfnissen. Und so soll es nun auch weitergehen, denn jetzt geht es ans Puzzeln.

Alles braucht seinen Platz!

Das grundlegende Prinzip beim Puzzlen ist es, jedes Puzzleteil an den richtigen Platz zu bringen. Erst dann entsteht eine harmonische und passende Gestalt. Für Ihre Paar- und Familiengestalt gilt nun dasselbe Prinzip: Alles braucht seinen Platz!

Sie müssen nicht diskutieren, ob ein Wunsch angemessen oder berechtigt ist, sondern nur akzeptieren, dass er da ist und seinen Platz braucht. Sie können einen Anspruch oder ein Bedürfnis nicht nachvollziehen oder verstehen? Brauchen Sie auch nicht. Wichtig ist, das Anliegen des anderen zu akzeptieren und einen Platz dafür zu finden. Erst wenn alles gut verortet ist, können Sie vielleicht in der nächsten PATCH- oder WORK-Session spüren oder überlegen, wie Sie mit dem Wunsch umgehen und wer für das Bedürfnis verantwortlich ist. Das gemeinsame Sortieren und Priorisieren nimmt Ihnen Druck und macht die neue Situation für jeden überschaubar und lebbar. So ist es sehr viel leichter, Wünsche zu verändern, anzupassen oder zu transformieren.

WAS SIE TUN KÖNNEN

Erstellen Sie Ihre WIR-Collage

Nehmen Sie Ihre gesammelten Unterlagen aus den vorhergehenden Übungen wieder hervor: die Liste mit den Themenkomplexen vom Beginn des Kapitels, Ihre Luftschlossbilder, das Anforderungsprofil, die Transformationen aus Ihren Gesprächen und das Ergebnis Ihres Brainstormings. Breiten Sie sie auf einem großen Tisch aus.

Legen Sie nun ein großes Blatt Papier in die Mitte des Tisches und gestalten Sie gemeinsam eine Collage. Sie können den Umriss eines Hauses oder Schlosses malen und Ihre Inhalte darin anordnen. Überlegen Sie, was wohin gehört und wie viel Raum es einnehmen soll und kann. Jeder übernimmt hierbei die Verantwortung für die Punkte, die ihm wichtig sind, und prüft, ob diese den richtigen Platz finden. Welche Teile passen zusammen und können gemeinsam realisiert werden? Welche gehören auf Ihre Seite und welche gehören auf die Seite Ihrer Liebsten?

Die schwierigen Teile, die nicht direkt passen, legen Sie gesammelt beiseite. Vielleicht müssen diese zunächst noch weiter angepasst oder transformiert werden. Achten Sie darauf, dass sich die Kompromisse, die Sie machen, gut anfühlen. Sind Sie gut aufgehoben oder fällt gerade etwas unter den Tisch?

Wahrscheinlich gibt es Punkte, bei denen Sie nicht weiterkommen. Machen Sie für diese einen ganz speziellen Stapel, denn Sie wissen ja: Widerstände sind Gold wert! Überlegen Sie sich eine besondere Behandlung damit. Vielleicht ist hier eine Unterhaltung mit Freunden oder Eltern hilfreich, vielleicht auch ein Gespräch mit einem professionellen Berater.

Stellen Sie sich darauf ein, dass Sie verschiedene Puzzleteile öfter hin und her schieben müssen. Vielleicht kommt ein Teil zunächst in den Keller oder wird in den Schlosspark verschoben, um später wieder näher in Betracht genommen zu werden. Vielleicht brauchen Sie in Ihrem Patchworkschloss auch Gästezimmer, Anbauten, Gartenhäuschen, Hintertürchen und Turmzimmer. Wichtig ist, dass alle Teile an einen Ort kommen, an dem Sie sich in Ruhe damit befassen können.

Die Kinder mit einbeziehen

Anders als ein klassisches Liebespaar sind Sie nicht völlig frei und ungebunden und können Ihr Schloss nicht genau so, wie es für Sie zu zweit stimmig wäre, in die Realität umsetzen. Sie haben Kinder, die mit in Ihre WIR-Gestalt gehören und ebenfalls einen Platz brauchen und Ihre Zukunft mitgestalten.

Wenn nun die Kinder mit in Ihren Zukunftsvisionsprozess einbezogen werden, haben sie ein Recht auf Führung durch Sie als Erwachsene.

WAS SIE TUN KÖNNEN

Erzählen Sie Ihren Kindern von Ihren Plänen

Sorgen Sie für die richtige Verfassung für Ihr Vorhaben: Verabreden Sie sich mit Ihren Kindern und machen Sie deutlich, dass Ihnen dieser Termin sehr wichtig ist, da Sie den Kindern etwas über sich erzählen wollen. Dieser Termin sollte für Sie den Stellenwert eines wichtigen beruflichen Termins haben und Ihre Kinder sollten sich darauf einstellen können. Vielleicht haben Sie schon Erfahrung mit dem Ablauf einer Familienkonferenz. Ansonsten empfehle ich Ihnen, sich vorab die Rahmenbedingungen und Regeln, die ich in Kapitel 5 beschreibe, vor Augen zu führen. Allein daran, dass Sie dem Treffen einen besonderen Rahmen und Ablauf geben, merken Ihre Kinder, dass es Ihnen ernst ist und sie eine wichtige Rolle dabei spielen.

Erzählen Sie, wie es Ihnen geht und welche Ideen und Gedanken Sie sich zu Ihrer Zukunft gemacht haben. Achten Sie darauf, dass Ihre Kinder spüren, wie sehr Ihr Herz an Ihrem Vorhaben hängt und dass Sie willens sind, die Verantwortung für diesen Schritt zu übernehmen – auch dafür, dass es für Ihre Kinder eine gute Erfahrung werden wird.

Eröffnen Sie einen Raum für Ambivalenzen

Achten Sie auf die Reaktion Ihrer Kinder und geben Sie allen Gefühlen Raum! Ihre Kinder haben jedes Recht der Welt, nicht mit Ihren Plänen einverstanden zu sein, Angst zu bekommen, wütend zu sein oder sich überfordert zu fühlen. Lassen Sie diese Gefühle zu und geben Sie ihnen Raum. Fühlen Sie mit und lassen Sie sie einfach sein. Je sicherer Ihr Standpunkt ist, umso mehr können Sie sich erlauben, die Position Ihres Kindes mit ihm zu erkunden, ganz bei ihm zu sein und mit ihm zu fühlen. Wahrscheinlich braucht es mehrere dieser Besprechungen, bis auch die Kinder mit im Boot sind und auch ihre Bedürfnisse und Wünsche einen guten Platz in Ihrer WIR-Collage erhalten haben.

Ali und Frida verabredeten mit Sophia einen Samstagnachmittag für ihre Familienrunde. Max und Julian waren sowieso da und wussten, dass es etwas Wichtiges zu besprechen gab. Ali fing an zu erzählen, wie glücklich er mit Frida war. Dann übernahm Frida und beschrieb weiter, wie sie sich ihr zukünftiges Zusammenleben vorstellten. Sophia fing an zu weinen, Frida dann auch, Max und Julian freuten sich vor allem darüber, dass es einen Familienhund geben sollte. Ali war überfordert und wurde ganz still, er nahm Sophia in die Arme. Gut war, dass Frida vorher einen Kuchen gebacken hatte. Sie schlug vor, zuerst gemeinsam Kuchen zu essen, und dann wollte Ali mit Sophia spazieren gehen.

Was brauchen Sie und Ihr Kind?

Je kleiner die Kinder sind, umso mehr Übersetzungsarbeit muss geleistet werden. Was sagt Ihnen Ihr Kind mit seinem Verhalten?

Und was heißt das nun für Sie und den weiteren Prozess? Was braucht mein Kind, damit es bei unserer Entscheidung mitgehen kann? Und was brauche ich, damit ich die Reaktion meines Kindes aushalten kann?

Nicht alles, was das Kind sich wünscht, braucht es auch. Spüren Sie in sich hinein, versetzen Sie sich in die Lage Ihres Kindes und beschreiben Sie, wie es Ihnen in der Position des Kindes gehen würde. Beobachten Sie: Wie geht es Ihrem Kind? Achten Sie dabei darauf, dass Sie Ihre eigenen Gefühle nicht auf Ihr Kind projizieren. Hier kann ein Vergleich hilfreich sein: Wie wäre es Ihnen als kleinem Kind in einer solchen Situation gegangen? Was ist möglicherweise bei Ihrem Kind anders? Vielleicht sind Sie auch mit Ihrem Kind über Ihre Zukunft schon gut im Gespräch und wissen genau, wie es sich fühlt. Was braucht es, um mit Ihren Plänen mitgehen zu können? Wo findet sich Ihr Kind in Ihrer WIR-Collage wieder?

Komplikationen: drei Beispiele

Sie können sich wahrscheinlich schon denken, dass der Prozess längst nicht immer so leicht zu bewältigen ist, wie es sich vielleicht hier bei Ali und Frida in diesen kurzen Auszügen anhört.

Letztlich führt die Phase einer gemeinsamen Zukunftsgestaltung für Ihre Kinder immer auch einen Schritt weiter weg von der Verwirklichung der geheimen Sehnsucht, dass Mama und Papa wieder zusammenkommen. Auch die Beziehung zum Expartner kann in dieser Phase komplizierter werden.

Jede Familie hat ihre eigene Geschichte und ist so individuell, dass es immer wieder an verschiedenen Stellen haken und stocken kann. Drei häufige Konflikte beschreibe ich im Folgenden.

1. Kinder machen Schwierigkeiten

»Seitdem wir entschieden haben, dass mein Partner Tim zu uns ziehen soll, hat Leo (5) ständig Wutausbrüche. Jetzt bin ich unsicher, ob unsere Entscheidung richtig war.« Elsa

Kinder nehmen Schwingungen und Spannungen manchmal unbewusst von anderen auf – besonders wenn sie eng mit ihren Eltern verbunden sind, drücken sie die Wut für ihre Eltern aus. Es kann also sein, dass Leos Wutausbrüche auf etwas aufmerksam machen, was Elsa und Tim in ihrer Liebesbeziehung noch nicht beachtet hatten.

Wie im zweiten Kapitel beschrieben, kann ein solcher Wutanfall Ausdruck eines Loyalitätskonfliktes sein. Vielleicht ist Ihr Expartner wütend und Ihr Kind drückt die Wut für das abwesende Elternteil aus. Vielleicht ergreift Ihr Kind aber auch für Sie Partei, für den Part in Ihnen, der eigentlich die Unabhängigkeit und Freiheit zweier Wohnungen nicht aufgeben will und wütend ist, dass er sie aufgeben soll. Oder es will nicht Ihre innige Zweisamkeit opfern und versucht mit seinen Kraftanstrengungen, den störenden Eindringling – Ihren Liebsten – wieder loszuwerden.

WAS SIE TUN KÖNNEN

Bauen Sie einen stabilen Beziehungsrahmen

Um gut mit Wut umgehen zu können, braucht es einen stabilen Beziehungsrahmen. Sagen Sie Ihrem Kind, dass Sie Interesse daran haben, seine Wut zu verstehen, und dass Sie sich mit ihm darum kümmern möchten. Gleichzeitig können Sie Ihrem Kind klarmachen, dass Wut wichtig ist und viel Energie für Entwicklung bringt. Daher ist es gut, sie mit in den Familienprozess einzubeziehen und ernst zu nehmen. Ausraster dagegen sind oft destruktiv und vergeuden Energie.

Geben Sie als Erwachsener die Qualität der Beziehung vor

Nehmen Sie sich Zeit und sprechen Sie über die Wut. Vielleicht hilft auch ein Sandsack oder eine Kissenschlacht, um mit der Wut gut umzugehen, bevor Sie darüber sprechen können. Lassen Sie sich auf die Perspektive Ihres Kindes ein und fühlen Sie mit ihm. Entwickeln Sie mit dem Kind Ideen, wie Sie besser mit der Situation umgehen können oder sein Bedürfnis besser gesehen und behandelt werden kann.

»Meine zwölfjährige Tochter will ganz zu ihrem Vater ziehen. Sie hat es mit ihm auch schon besprochen. Damit hatte ich nicht gerechnet und ich fühle mich nun als ganz schlechte Mutter.« Christine

Kennen Sie das auch? Da denkt man an einem Tag, das eigene Kind sei noch so klein und brauche noch so viel Unterstützung, und am nächsten Tag kommt ein Vorschlag wie dieser, der Sie mit offenem Mund dastehen lässt.

Nehmen Sie Ihr Kind ernst und machen Sie Ihre Position deutlich

Sprechen Sie mit Ihrem Kind und lassen Sie sich auf seine Perspektive ein. Wenn sich Ihr Kind verstanden fühlt, ist es mit Sicherheit auch bereit, Ihre Position zu hören.

Erzählen Sie Ihrem Kind, was ein solcher Vorschlag mit Ihnen macht. Erklären Sie ihm, welche Ängste er in Ihnen auslöst, wie sehr Sie an Ihrem Kind hängen und wie schwer es Ihnen fällt, es loszulassen.

Suchen Sie gemeinsam nach einer Lösung
Machen Sie ein Brainstorming dazu, welche Möglichkeiten es gibt, mit dem Vorschlag Ihres Kindes umzugehen. Erstellen Sie Pro- und Kontra-Listen und verabreden Sie weitere Termine, um über dieses Thema zu sprechen. Informieren Sie sich regelmäßig darüber, wie es Ihnen damit geht und was Sie voneinander brauchen, um den nächsten Schritt gehen zu können.

Wenn es für Sie nicht denkbar ist, dass Ihr Kind zu Ihrem Expartner zieht, weil Sie kein Vertrauen zu Ihrem Exmann oder Ihrer Exfrau haben, dann gibt es diese Möglichkeit auch nicht. Wenn Ihr schlechtes Gefühl aber darin begründet liegt, dass es Ihnen schwerfällt loszulassen oder Sie ein schlechtes Gewissen haben, dann loten Sie die Möglichkeiten aus, an sich zu arbeiten.

---

2. Ungleiche Lebensphasen und Kinderwunsch

Meike und Robert waren seit zwei Jahren ein Paar. Seit einigen Monaten verspürte Meike einen immer stärker werdenden Kinderwunsch. Sie war 39 und noch kinderlos. Auf einmal hatte sie Panik, dass sie die Gelegenheit verpassen würde, eigene Kinder zu bekommen. Die biologische Uhr tickte. Robert jedoch war sehr zögerlich. Er war 52 und hatte die Kinderphase bereits hinter sich. Seine Kinder waren 12 und 14 und er freute sich sehr, dass die beiden schon sehr selbstständig waren.

Sie liebten sich beide sehr, doch nun waren sie verzweifelt. Hatte ihre Liebe überhaupt noch Sinn?

Paare in einer solchen Situation befinden sich in einer Zwickmühle. Sie lieben einander und würden wahrscheinlich einiges in Kauf nehmen, um einander glücklich zu machen. Beim Thema Kinderwunsch allerdings funktioniert das nicht. Ein Kinderwunsch ist ein Herzenswunsch, und aus Liebe auf einen solchen zu verzichten, würde zu Verstrickungen, Verantwortungsüberforderungen bis hin zu einem Selbstverrat führen.

Meike spürte, wie sie zunehmend an Roberts Liebe zweifelte. Für sie fühlte es sich so an, als ob er sie hinhielt und darauf spekulierte, dass die Angelegenheit sich irgendwann von selbst erledigte. Meike hatte Angst, dass sie dann aber erst recht nicht mehr glücklich mit ihm werden konnte.

Als Mann in einer solchen Situation haben Sie bereits erfahren, was es heißt, Vater zu werden und zu sein. Auch wenn Sie dankbar für Ihre Kinder sind, wissen Sie, welche Belastungen für Ihre Liebesbeziehung auf Sie zukommen können. Besonders, wenn diese Erfahrung eine schwierige Herausforderung für Sie war – und vielleicht mit Ihrer Exfrau immer noch ist –, ist Ihre Zurückhaltung gut nachzuvollziehen.

Robert konnte Meike gut verstehen und war hilflos. Er hatte mit seiner Exfrau ein Desaster erlebt. Nach der Geburt war sie beide Male in eine Depression verfallen und er hatte sich die ersten Jahre fast allein um die Kinder kümmern müssen. Das konnte und wollte er nicht wieder erleben. Er hatte sich auf Meike eingelassen, weil sie so selbstständig und unabhängig war, dabei so viel Lebensfreude ausstrahlte und mit Kindern nichts zu tun haben wollte. Er hatte Angst, dass ihn ein weiteres Kind überforderte, und hatte keine Lust mehr, Windeln zu wechseln.

Sie sind der Experte für Ihre Situation, Ihre Herzenswünsche und Ihr Leben. Jede und jeder von Ihnen muss für die Entscheidung, die Sie für Ihre Zukunft treffen, die Verantwortung übernehmen.

Daher brauchen Sie eine fundierte Grundlage für eine solch wichtige Entscheidung.

Das Kinderwunschthema ist schwierig, denn hierbei gibt es nun mal keine Kompromisse. Wenn dann auch noch die Zeit drängt und somit der Druck größer wird, wird die Entscheidungsfindung oftmals auf eine Entweder-oder-Logik reduziert: Ja oder Nein. Eine differenzierte, umfassende Betrachtung scheint nicht mehr möglich zu sein. Die Antwort gilt dann oftmals für die gesamte Beziehung und wird häufig mit der Antwort auf die Frage »Liebst du mich?« gleichgesetzt.

WAS SIE TUN KÖNNEN

Rollenspiele:
»Wir sind schwanger« und »Wir haben uns dagegen entschieden«
Wahrscheinlich wird es Ihnen gelingen, die Situation und die Zwickmühle des jeweils anderen nachzuvollziehen und zu verstehen. Also gönnen Sie es sich für einen begrenzten Zeitraum, zum Beispiel für eine Woche, sich in einem Szenario zu bewegen, in dem Sie schwanger wären. Anschließend – vielleicht mit einer Pause dazwischen – tun Sie so, als ob Sie sich dagegen entschieden hätten.

Was passiert in Ihrem Kopf, Herz, Bauch? Welche Fragen kommen nun auf? Wie fühlt es sich an? Welche Ängste melden sich? Wo melden sich Ihre Widerstände? Wieso? Und wo spüren Sie vielleicht ein Gefühl, dass es richtig ist, sich so zu entscheiden? Wo macht sich Erleichterung bemerkbar und auf welche Ideen kommen Sie, wie Sie mit der Situation gut zurechtkommen könnten? Erkunden Sie gemeinsam Ihre Gefühlssituation und sprechen Sie über das Erlebte und Ihre Ideen. Was brauchen Sie voneinander, um eine solche Entscheidung mittragen zu können? Seien Sie ehrlich zu sich und Ihrem Partner. Vielleicht hilft es auch, in dieser Zeit Tagebuch zu schreiben und die Situation mit Freunden zu besprechen.

Meike und Robert hatten sehr viel Verständnis füreinander. Robert konnte sich auch nach vielen Gesprächen mit Freunden und seinem Coach nicht vorstellen, nochmals Vater zu werden. Einerseits hatte er die Bilder der traumatischen Erlebnisse mit seiner Exfrau noch so deutlich vor Augen, andererseits spürte er auch im ganzen Körper den Drang, sich um sich zu kümmern und nicht wieder in eine verantwortungsvolle Rolle zu gehen. Es tat ihm unendlich leid, aber er konnte nicht von seinem Bedürfnis ablassen.

Meike nutzte die Woche mit dem Rollenspiel »Ich entscheide mich gegen ein Kind«, um sich ernsthaft mit dieser Alternative auseinanderzusetzen. Sie entwickelten tolle Ideen: ein gemeinsames Baby könnte ja auch ein gemeinsam finanziertes Haus sein, das sie zusammen restaurierten. Es könnte ein großes Projekt wie eine Weltreise sein, auf die sie sich zusammen vorbereiten konnten. Oder sie könnten sich einen Hund anschaffen. Doch Meikes Herz ging bei all dem nicht auf.

So entschieden sich die beiden, sich zu trennen.

---

3. Die Luftschlossbilder sind in sich widersprüchlich, starr und lassen sich nicht vermitteln

Ella und Gerd führten seit vier Jahren eine Fernbeziehung zwischen Köln und Hamburg. Gerd wohnte in Hamburg und war zwei Tage pro Woche in Reinbek, wo er noch eine kleine Wohnung hatte, um den Alltag mit seinen Kindern zu verbringen. Jedes zweite Wochenende sah er Ella. Beide wollten ihre Zukunft zusammen planen und auch gemeinsam Kinder bekommen. Doch seit geraumer Zeit stag-

nierte ihr gemeinsamer Perspektivfindungsprozess. Sie stritten sich ständig und verstanden sich überhaupt nicht mehr.

Oftmals gibt es bestimmte Facetten an Ihrem Partner, die Sie ganz besonders lieben und schätzen. Vielleicht würden Sie sogar sagen, dass diese offensichtlichen Facetten ausschlaggebend für Ihre Liebe waren und sind.

So betonte Gerd immer wieder, wie sehr ihn Ellas Kreativität, Spontanität und Lebenslust begeisterten und anzogen. Sie wusste, was sie wollte, und sie machte sich das Leben einfach. Sie war impulsiv, sehr emotional und liebevoll.

Gleichzeitig gibt es aber oftmals ein unbewusstes Bild, das bestimmt ist von alten, verborgenen Sehnsüchten und Bedürfnissen und das besonders in der Verliebtheitsphase auf die Liebste projiziert wird.

In der Luftschloss-Übung beschrieb Gerd eine märchenhafte Atmosphäre: Die Kinder waren zufrieden und fühlten sich wohl, er war entspannt und gut gelaunt. Dazu gehörte eine Frau, die diese Szene liebevoll und gutmütig mitgestaltete. Es war eine starke, mitfühlende Frau, die sich für die Belange der anderen interessierte und aufmerksam auf Mann und Kinder einging.

In dieser spielerischen Auseinandersetzung ist es möglich, die unbewussten Bilder ins Bewusstsein zu holen.

Gerd war völlig im Flow und fühlte sich sehr beseelt von seinen idealisierten Träumen. Nur Ella war irritiert und wurde plötzlich wütend. Dann platzte es aus ihr heraus: »Du wünschst dir also eine Mutter wie deine eigene. Eine, die alles für den Mann und die Kinder tut, die keine eigenen Bedürfnisse hat und deren Fokus das Wohlergehen aller anderen ist. Sie selbst braucht nichts und will nichts dafür haben.«

Sie haben so die Chance, unbewusste Übertragungen aufzudecken. Nun können diese bearbeitet, behandelt und zurechtgerückt werden.

Gerd konnte sich eingestehen, dass es hauptsächlich dann Krach gab, wenn Ella sich weigerte, die Wochenenden mit seinen Kindern zu verbringen, weil sie nichts miteinander anzufangen wussten und sie keinen Spaß an Fußball hatte. Allerdings wies Gerd die Mutterübertragung mit aller Macht von sich. Für ihn war es völlig normal, dass seine Frau ein Interesse an seinen Kindern haben musste. So ging der Krach in die nächste Runde.

WAS SIE TUN KÖNNEN

Durchleuchten Sie Ihre unbewussten Bilder

Spitzen Sie die Bilder, die Sie bei sich oder Ihrem Partner wahrnehmen, bis zur Karikatur zu – ganz wie das Bild von der eierlegenden Wollmilchsau. Gerds Bild von Ella beispielsweise ist unlebbar: Er liebt an Ella, dass sie spontan, flexibel, unabhängig und sehr risikobereit ist. Andererseits geht er selbstverständlich davon aus, dass sie als Mutter die Hauptverantwortliche für Familienbetrieb und Kinderversorgung ist.

Durch die Zuspitzung wird deutlich, ob in sich widersprüchliche Eigenschaften vereinbar sind. Eine spontane und unabhängige Frau wird auf Dauer unglücklich werden, wenn sie Hauptverantwortliche für einen Familienbetrieb und Kinderversorgung sein soll. Weitere Bilder, die häufig vorkommen und in sich widersprüchlich sind, sind zum Beispiel der dressierte Anarchist oder der Kuschel-Revoluzzer.

Wenn diese Unerfüllbarkeit der unbewussten Bilder nicht aufgelöst und an die Person, mit der Sie gerade zusammen sind, angepasst werden kann, kommen Sie immer wieder in Übertragungs- und Verstrickungskonflikte. Dabei kann es sein, dass Ihre Liebste dieses Bild nicht erfüllen kann oder möchte oder das Bild einfach zu starr ist. Es gibt allerdings auch Fälle, in denen dieses unbewusste Bild nicht nur für die Liebste unmöglich ist, sondern es überhaupt nicht realistisch, also für keinen Menschen lebbar ist. Es stellt sich also die Frage: Können oder wollen Sie sich von dem unrealistischen Bild oder von Ihrer Liebsten trennen?

Ella und Gerd schafften es leider nicht. Die Auseinandersetzungen wurden sehr heftig, die Verletzungen immer größer, sodass sie sich entschieden, sich zu trennen. Für Gerd war es die fünfte Frau, mit der er an dieser Stelle scheiterte.

Auch wenn dieses Kapitel sehr spielerisch begann, konnten Sie an den letzten Beispielen merken, dass auch die vierte Phase ihre Tücken und Hürden hat, die es zu überwinden gilt. Im nächsten Kapitel gibt es viele Inspirationen dazu, wie Sie in Ihrem Luftschloss heimisch werden können und ein liebevoller Alltag mit all seinen Herausforderungen und kleinen und großen Glücksmomenten gelingen kann.

Fünfte Phase

Heimisch werden – Wie der Alltag zum Zuhause werden kann

Sie haben das Luftschloss bewohnbar gemacht. Vielleicht wohnen Sie zusammen oder haben an zwei Standorten ein Miteinander entwickelt, das Raum und Zeit für Ihre Liebe schafft. So weit, so gut.

Sie haben aber trotzdem immer wieder das Gefühl, es funktioniert nicht so, wie Sie es sich vorgestellt und gewünscht haben? Oder es hat funktioniert und jetzt tut es das nicht mehr? Ihnen fehlt etwas oder Sie kommen mit etwas nicht zurecht? Sie hatten sich anderes erhofft oder es hat sich anders als gedacht entwickelt? Dann ist dieses Kapitel richtig für Sie.

Und täglich grüßt das Murmeltier

Es ist ja an sich ein paradoxes Vorhaben: Ihre einzigartige, außergewöhnliche Liebe mit der sehr speziellen, individuellen Konstellation soll in einen Alltag eingepasst werden. Alltag steht doch vor allem für notwendige Pflichten, nicht geliebte Aufgaben und immer wiederkehrende Routinen. Wie soll das denn funktionieren?

Sheila und Herbert waren seit sieben Jahren ein Paar. Sie waren sehr verliebt und hatten viel Zeit miteinander verbracht. Als Sheila dann überraschend mit 43 nochmal schwanger wurde, entschlossen sie sich zusammenzuziehen und freuten sich auf das gemeinsame Leben in der neuen Kleinfamilie. Sheilas große Töchter waren damals gerade 18 und 20 Jahre alt und wollten in eigene WGs ziehen. Herberts Tochter Luna (damals 6) kam im Wechselmodell-Rhythmus (zwei Tage pro Woche und jedes zweite Wochenende) zu ihnen. So war es bis vor einigen Wochen auch noch.

Herbert war als Alleinverdiener beruflich zwar stark eingebunden, jedoch an den Kindertagen verlässlich zu Hause und für seine – nun 13 Jahre alte – Luna da. Sheila hatte ihren Plan, zwei Jahre nach der Geburt ihres gemeinsamen Sohnes Luis wieder arbeiten zu gehen, verworfen, weil Luis – jetzt 7 Jahre alt – eine Behinderung hatte und besondere Aufmerksamkeit brauchte. Sie hatten sich arrangiert, jeder hatte seine Baustellen und Aufgaben. Einige Krisen mit Luis, aber auch mit Luna hatten sie gut überstanden. Allerdings lernten sie auch, den anderen in Ruhe zu lassen und sich um sich selbst zu kümmern. So hatten sie sich einen Alltag eingerichtet, in dem sie nebeneinanderher lebten und funktionierten.

Jetzt war Luna jedoch Hals über Kopf ganz zu ihnen gezogen, ohne dass Sheila gefragt wurde. Sheila war wütend.

Funktionieren ist im Alltag sehr wichtig. Eltern sind darauf angewiesen, dass die alltäglichen Abläufe schnell und gut vonstattengehen, sonst gibt es Stress. Störungen, Eigensinnigkeiten und unvorhersehbare Ereignisse, die Aufmerksamkeit brauchen, ziehen Änderungen im Ablauf nach sich. Dann können berufliche Termine und das geplante Kinderprogramm nicht eingehalten oder Haushalt und Einkauf nicht erledigt werden. Der Tag vergeht, die Energie wird knapp und die Zeit für Ihre Liebe gerät aus dem Blick oder fällt einfach flach, weil Sie zu müde sind. Sie haben – oftmals unbewusst – priorisiert: Die Erwartungen anderer und die eigenen Ansprüche an Ordnung, Funktionieren und Erledigen drängeln sich vor Ihre Liebe: Die gemeinsamen PATCH- und WORK-Zeiten, die Ihre Liebe und damit die ganze Familie lebendig halten, werden den alltäglichen Pflichten und Ansprüchen untergeordnet. Nicht Ihre Sehnsüchte, Wünsche und Bedürfnisse führen Regie im Alltag, sondern der Anspruch, dass alles funktioniert.

WAS SIE TUN KÖNNEN

Halten Sie inne

Wahrscheinlich spüren Sie die Anspannung besonders dann, wenn Sie zur Ruhe kommen. Lassen Sie Ihre Gefühle dennoch zu und halten Sie inne. Nehmen Sie Unmut, Druck und Spannungen wahr und finden Sie einen Weg, ihnen Ausdruck zu verleihen. Vielleicht brauchen Sie eine besondere Sporteinheit, vielleicht einen Wandertag, vielleicht ein wenig Ruhe an einem Ort, an dem sie sich wohl und aufgehoben fühlen.

Spüren Sie in sich hinein und verbinden Sie sich mit sich. Das klingt spirituell, doch tatsächlich bringt Sie das auf eine Ebene, auf der Kämpfe und Streitereien ihre Relevanz verlieren. Kommen Sie zur Ruhe und geben Sie sich selbst Rückendeckung und Bestätigung: Es ist alles gut so, wie es ist. Die Anspannungen und Hindernisse gehören dazu.

Das Innehalten soll sie nicht davon abhalten, Ihre Familie zu lieben und den gemeinsamen Alltag liebevoll zu gestalten. Überprüfen Sie jedoch die Situation mit diesem inneren liebevollen Blick und nehmen Sie wahr, ob es in einem ersten Schritt besser ist, zunächst allein weiter zur Ruhe zu kommen, oder ob Sie Ihren Partner zu einer PATCH-Session einladen wollen. Vielleicht haben Sie einen besonderen Ort in der Natur, an dem Sie beide gut zu sich und Ihrer Liebe finden können. Oder Sie haben eine Musik, die es Ihnen erleichtert, zur Liebesenergie zurückzufinden. Ein Zeichen für diese PATCH-Ebene kann auch eine Kerze sein oder ein schönes Foto, das eine klare, liebevolle Bedeutung für Sie beide hat. Halten Sie inne und spüren Sie, was Sie brauchen.

Kehren Sie zu Ihrem Luftschloss zurück

Sheila und Herbert hatten sich zwar sehr bewusst entschieden zusammenzuziehen, allerdings war ihnen nicht klar, wie schnell und selbstverständlich die Bedürfnisse der Kinder und des funktionierenden Alltags sie bestimmen würden. Für ihr gemeinsames Kind Luis waren sie bereit, alles zu tun und ihre eigenen Bedürfnisse zurückzustellen. Das würde ihre Liebe schon aushalten, schließlich war er das Kind ihrer Liebe. Jetzt allerdings – Jahre später – war von Liebe und Lust im Alltag nur noch wenig zu spüren.

Spüren Sie in sich hinein. Haben Sie noch Lust auf Ihren Alltag? Oder leben Sie von Wochenende zu Wochenende oder von einem Urlaub zum anderen oder hoffen auf die Zeit, wenn die Kinder groß sind? Dann wird es Zeit zum Nachjustieren. Vielleicht helfen Ihnen die folgenden Fragen dabei. Sie müssen diese nicht beantworten können. Achten Sie eher darauf, was Ihnen für Bilder in den Kopf kommen und welche Stimmung sich bei Ihnen einstellt, wenn Sie darüber nachdenken.

» Wie war Ihre Vorstellung vom Leben, bevor Sie sich auf den Alltag eingelassen haben, den Sie nun haben?
» Wovon haben Sie geträumt?
» Wieso ist es dann anders geworden und weshalb haben Sie nicht an Ihren Vorstellungen und Visionen festgehalten?
» Was haben Sie falsch eingeschätzt?
» An welchen Stellen sind Sie in alte Muster und Formeln gerutscht?

Organisieren Sie sich eine Paarzeit, in der Sie sich über diese Fragen ausführlich austauschen können. Vielleicht machen Sie einen Paar-Spaziergang, wie Sie ihn bereits in Kapitel 3 kennengelernt haben.

Richten Sie den Fokus auf das, was Sie wollen und brauchen

Falls Sie sich nicht mehr erinnern können oder Sie keinen Zugang mehr zu Ihrem Luftschloss bekommen, fragen Sie sich erneut im Hier und Jetzt: Was will ich? Was brauche ich?

Es kann sein, dass Sie dafür etwas Zeit und eine entspannte Verfassung brauchen, dass Sie sich also für eine Weile aus den drängenden Aufgaben des Alltags ausklinken müssen. Sie brauchen eine neue Vision, eine Perspektive, auf die Sie Lust haben und die Sie wieder mit ganzem Herzen bejahen können.

Fragen Sie Ihre Kind-Ich-Instanz. Vielleicht ist diese nicht geübt, auszudrücken, was sie will oder braucht. Vielmehr ist sie im Alltag gewohnt, die Erwartungen anderer zu erfüllen, und versteht sehr schnell und gut, was sie tun soll und muss. Falls Sie es so empfinden, dann zählen Sie zunächst auf, was Sie sollen und müssen. In einem zweiten Schritt kommen Sie dann zu dem, was Sie wollen und brauchen.

Sheila und Herbert erkannten, dass sie von den vielen Ansprüchen und Erwartungen, die ihre Situation mit sich brachte, überfordert waren. Anstatt jedoch gemeinsam produktiv zu überlegen, wie sie die Situation ändern könnten, hatten sie gute Ideen, was der jeweils andere machen könnte oder müsste. »Der andere ist verantwortlich dafür, dass ich nicht in meinem Luftschloss leben kann«, ist oft die unbewusste Haltung, die dahintersteckt. So gerieten Sheila und Herbert in ihre unbewussten Muster und Formeln und machten sich gegenseitig Vorwürfe, bis sie schließlich aufhörten, miteinander zu sprechen, und nur noch funktionierten.

In besonders beanspruchenden Zeiten ist es hilfreich, dass Sie automatisch funktionieren. Im Notfallmodus laufen die Dinge ab, ohne dass Sie darüber nachdenken oder Energie investieren müssten. Das Fundament Ihrer Liebe kann das auch ganz schön lange aushalten. Nur leben Sie dann im nüchternen Notfallmodus und nicht im ersehnten und gewünschten prall gefüllten Liebe-, Lust- und Launemodus, der Farbe und Energie in den grauen Alltag bringt.

Seien Sie aufmerksam und überprüfen Sie immer wieder, ob Sie wirklich im Notfallmodus leben müssen. Wie wäre es, wenn Sie sich entscheiden könnten, besonders in sehr anspruchsvollen Zeiten Ihre Liebe und Ihr Luftschloss als Energietankstelle zu nutzen? Sie können Ihr regelmäßiges PATCH- und WORK-Ritual fest in Ihrem Alltag etablieren und somit sicherstellen, dass die zentrale Energiequelle Ihrer Beziehung und Ihrer Patchworkfamilie nicht versiegt.

Immer wieder die Liebe sichern

Bereits in Kapitel 2 ging es darum, dass Sie in einer Sackgassensituation zunächst einmal Ihre Liebe sichern sollten, ebenso, wenn Sie sich in einer Konkurrenzfalle verfangen haben. In Kapitel 3 wurde ausführlich beschrieben, wie wichtig die Sicherheit in der Beziehung für die konstruktive Auseinandersetzung ist. Dies bekommt wieder große Bedeutung, wenn die Belastungen im Alltag und damit auch für Ihre Beziehung zu groß werden und Sie langfristig ins Funktionieren geraten. Denn dann ist Ihre Liebesbasis in Gefahr.

Vielleicht haben Sie bei Ihrer Luftschloss- und Visionsübung festgestellt, dass Ihr Leben sich gerade in eine andere Richtung bewegt, als Sie es sich wünschen und ersehnt haben. Oftmals erscheinen dann – ob bewusst oder unbewusst – andere Menschen attraktiv und nicht selten kommt es in solchen Phasen zu Seitensprüngen und Trennungen. »Wir haben uns auseinandergelebt«, »Die Konstruktion war nichts für uns«, »Sie (oder er) und die Kinder waren nicht bereit, sich für eine neue Familie zu öffnen«, lauten dann die Begründungen für die Trennungen.

Vielleicht stellen Sie auch fest, dass der Alltagsrahmen, den Sie sich geschaffen haben, zu eng oder zu weit ist, dass Sie also anders fühlen, als Sie vielleicht selbst gedacht haben.

Karina und Carsten waren selbst verwundert, wie schnell sich ihre Liebe wandelte. Sie hatten sich alles so schön vorgestellt. Doch Karina erkannte Carsten im Zusammensein mit seinen Söhnen (16 und 18) seit dem Umzug so oft nicht wieder. Sie war irritiert. Sie hatte ihn immer als fürsorglichen, interessierten Vater für seine Kinder empfunden. Jetzt konnte sie seine besserwisserische und bevormundende Art seinen Kindern und ihr selbst gegenüber kaum ertragen. Den Jungs machte das anscheinend nicht viel aus. Sie waren ein eingespieltes Team und sie das fünfte Rad am Wagen.

Carsten fand, dass Karina sich nicht genug auf die Familiensituation einließ. Schließlich war von vornherein klar gewesen, dass sie in einer Männer-WG leben würde. Karina zog sich zurück und verbreitete immer häufiger das Gefühl, dass irgendetwas nicht richtig war. Carsten war ebenfalls enttäuscht. Sie stritten viel und für Karina war es ein Glück, dass sie immer wieder tagelang beruflich unterwegs sein musste. Dabei lernte sie Max kennen. Er war so unkompliziert, charmant und lustig. Karina kannte diese Situation schon. Auch mit Carsten hatte es so begonnen. Obwohl sie die Zeit mit Max sehr genoss, ließ sie sich nicht weiter auf ihn ein. Sie ahnte, dass der erste Eindruck nicht bleiben würde – wie auch bei Carsten und früheren Beziehungen nicht. Sie schrieb Carsten eine E-Mail und bat um ein »Klausur-Wochenende zu zweit«.

WAS SIE TUN KÖNNEN

Klären Sie Ihren Beziehungsrahmen

Am besten besprechen Sie Ihren Beziehungsrahmen, bevor Sie in einen gemeinsamen Alltag gehen. Lassen Sie sich von folgenden Fragen dabei leiten:

- Welche Sicherheiten brauchen Sie?
- Wie halten Sie es mit der Treue?
- Wo sind Ihre Grenzen?

Was bedeutet ein Flirt mit einem Kollegen für Sie? Oder ein Bützchen von der Prinzessin an Karneval? Erzählen Sie sich ehrlich und aufrichtig, wie Sie solche Situationen einschätzen und eruieren Sie die Konsequenzen. Oftmals beugt der Austausch darüber dem vor, dass jemand aus Versehen in eine verfängliche Situation gerät.

Erstellen Sie eine Handlungsabfolge, was geschehen soll, falls einer oder eine von Ihnen anfängt, sich nicht mehr wohl in Ihrer Beziehung zu fühlen. Oftmals merken Sie es vielleicht selbst erst daran, dass Sie anfangen, Ihren Liebsten zu meiden, nach jemand anderem Ausschau halten oder näheren Kontakt mit diesem haben wollen.

Karina und Carsten fuhren ein Wochenende in die Eifel zum Wandern. Karina erzählte von Max und ihren Gefühlen. Und auch, dass sie an Carsten festhalten und mit ihm gemeinsam den unbefriedigenden Alltag ändern wollte.

Finden Sie Ihre Reiz- und Triggerpunkte im Alltag

Vergewissern Sie sich zunächst, dass Sie beide konstruktiv an Ihrer Beziehung arbeiten und sich gegenseitig keine Vorwürfe machen wollen. Nur dann können Sie zusammen produktiv Ihren Alltag infrage stellen und ändern, statt in einen Machtkampf zu geraten. Dabei sind folgende Fragen zielführend:

- Welche Situationen empfinden Sie als nervend, störend, abweisend und abwertend?
- Wie ist diese Situation für Ihren Partner?

Achten Sie darauf, dass Sie die Situation so beschreiben, wie Sie sie selbst erleben, aber ohne sie zu bewerten. Nehmen Sie die Wahrnehmung des jeweils anderen ernst und fühlen Sie sich in diese Perspektive hinein. Stellen Sie Ihre unterschiedlichen Wahrnehmungen nebeneinander. Sie beide nehmen richtig wahr und haben die Berechtigung, so zu empfinden. So ist es. So unterschiedlich sind Sie. Sie haben einen Mann oder eine Frau an Ihrer Seite, die anders als Sie agiert, reagiert, fühlt und wahrnimmt. Das ist Ihre Realität und das darf auch genau so sein. Fragen Sie sich daher:

- Wie können Sie Ihr Verhalten ändern, um auch in diesen sensiblen Situationen Ihre Liebe für Ihren Partner sicht- und spürbar werden zu lassen?
- Welche kleinen Signale, Regeln oder Rituale brauchen Sie, um Ihre Liebe und Ihr Zusammengehörigkeitsgefühl zu spüren?
- Was brauchen Sie, um die schwierige Situation nicht als gegen sich gerichtet zu erleben?

Tauschen Sie die Rollen: »Wenn ich du wäre …«

Wenn Sie nun gegenseitig Ihre Lagen und Zwickmühlen verstanden haben, tauschen Sie einmal die Rollen.

Der andere hat einen völlig anderen Erfahrungsschatz und somit das Potenzial, neue Lösungsansätze zu entwickeln. Lassen Sie diese auf sich wirken und schätzen Sie den Input wert. Vielleicht ist ja eine neue Option für Sie damit verbunden?

Karina verstand Carstens Ansicht nicht, dass die Jungs nicht selbst für sich sorgen und sprechen konnten. An Carstens Stelle würde Karina die Jungs mehr einbeziehen. Sie würde von sich und ihren Herzenswünschen sprechen. Dann würde sie die Jungs fragen, wie es ihnen mit der Situation ging und was sie sich wünschten. Dann könnten sie gemeinsam nach einer Lösung suchen.

Carsten wäre – an Karinas Stelle – überrascht von einer solch ambivalenten Gefühlslage. Gerade weil er sich doch eben erst auf einen neuen Alltag mit seiner Liebsten eingelassen hatte. Er würde versuchen, es genauer zu beschreiben und zu erforschen. Was fehlte denn in der Beziehung? Was vermisste er? Er würde eine Form suchen, das Gefühl mit seiner Partnerin zu teilen. Schließlich sehnt sich jeder nach Leichtigkeit und Unkompliziertheit. Vielleicht kämen sie zusammen dahinter, wie sie diese wieder mehr in ihre Beziehung einbringen können. Und er würde seiner Liebsten sagen, dass sie ihm so wichtig sei, dass er an ihr festhalten wolle, und deshalb der anderen einen Korb geben.

Vielleicht kann es eine zusätzliche Hilfestellung sein, wenn Sie nun in verteilten Rollen einen Dialog stattfinden lassen. Mit Sicherheit wissen Sie schon, was Ihr Partner Ihnen auf Ihren Vorschlag oder Ihre Art und Weise, mit der Situation umzugehen, entgegnen würde. Also nehmen Sie diese Position ein und genießen Sie es, dass Ihr Partner für Sie argumentiert und spricht.

Erstellen Sie eine »Beziehungssatzung«

Ihre Beziehung braucht besondere, individuelle Bedingungen, damit sich Ihre Liebe entfalten und wachsen kann. Erstellen Sie für

Ihre Beziehung eine individuelle Satzung. Hierin halten Sie alle Besonderheiten fest, die Ihre Beziehung ausmachen:

- Welche Vorsichtsmaßnahmen benötigen Sie, wo bedarf es gesonderter Aufmerksamkeit und Absprachen?
- Was ist die Grundlage Ihrer Beziehung?
- Was definieren Sie als Notfallmodus und wie gehen Sie damit um?

Schreiben Sie die für Sie denkbaren Notfälle auf und entwickeln Sie für diese Handlungsanweisungen, sodass Sie im Notfall eine Anleitung haben.

Dieses ausführliche Aufschreiben und Bewusstmachen Ihrer wunden Punkte wirkt in vielfältiger Weise: Sie haben eine Satzung, die Sie – so wie Sie sind – anerkennt und Ihnen in schwierigen Situationen Orientierung gibt. Gleichzeitig können Sie dieses Schriftstück als ein Vertragswerk sehen, das Sie mit sich abschließen. Und wenn Sie merken, dass die Einhaltung schwierig wird, können Sie einen »Änderungsantrag« stellen und ein entsprechendes Paargespräch organisieren.

Aus der Satzung der Liebesbeziehung von Karina und Carsten

Treue: *Wir sind uns treu. Das heißt, wir sind uns auch im Kontakt mit anderen unserer Beziehung und Liebe bewusst und tun nichts, was diese in Gefahr bringen könnte. Konkret bedeutet das, Intimitäten jeglicher Art mit anderen zu unterlassen.*

Verbindlichkeit: *Abmachungen und Absprachen halten wir ein. Sollten andere Termine dringend werden, suchen wir das Gespräch und verhandeln gemeinsam über die bestmögliche Lösung.*

Ehrlichkeit: *Wir versprechen uns, größtmögliche Transparenz walten zu lassen und ehrlich zueinander zu sein, auch auf die Gefahr hin,* *dass es Konflikte auslösen wird. Wir sind beide bereit, uns kurzfristig miteinander zu verabreden, um diesen Konflikt gemeinsam zu lösen.*

Den Paaralltag mit Kindern gestalten

Das Vorhaben, einen Alltag miteinander zu leben, bedeutet Veränderungen für alle Familienmitglieder. Sie sind nicht so umfassend, wenn Sie an zwei Standorten leben und sich entschieden haben, Ihre Paarbeziehung vom Kinderalltag getrennt zu halten. Dann bedarf es einer Tages- oder Wochenstruktur, die für alle transparent und klar gestaltet ist. Ihr Kinderalltag läuft an sich weiter wie bisher, nur dass es nun auch Zeiten gibt, an denen Sie für diesen nicht verfügbar sind, weil Sie Paarzeiten eingeplant haben.

Wenn Sie sich entschieden haben, den Alltag an einem Standort zusammen zu führen, dann sind die Veränderungen weitreichender. Eingespielte Rhythmen, selbstverständliche Gewohnheiten und funktionierende Aufgabenverteilung werden infrage gestellt oder aufgelöst und eine neue Struktur samt Ritualen, Regeln und Gewohnheiten muss entwickelt werden.

Sinn und Ziel von Regeln und Ritualen sind Erleichterungen im Zusammenleben: Es muss nicht jedes Mal diskutiert werden, ob Sie sich vor dem Essen die Hände waschen, wo Sie die Jacke aufhängen oder ob es wirklich notwendig ist, die Haare aus der Dusche zu entfernen. Solche Dinge werden bestenfalls einmal besprochen und selbstständig so fortgeführt. Wenn die Regel nicht mehr in den Alltag passt, wird sie neu besprochen und neu geregelt. Konflikte im Familienalltag deuten immer darauf hin, dass eine Regel überdacht und zum Beispiel dem Alter der Kinder angepasst werden muss.

In einer Patchworkfamilie ist dieses Prozedere etwas komplexer, als es in herkömmlichen Familienkonstruktionen der Fall ist: Es gibt für beide Teile der Familie – jeweils das leibliche Elternteil mit Kindern – Rituale und Regeln, die mehr oder weniger gut funktionieren. Teilweise sind diese allen bewusst und können explizit benannt werden, wie zum Beispiel: »Einer deckt den Tisch, der andere räumt ihn ab!« oder »Eine Stunde Medienzeit am Tag«. Es gibt aber auch unbewusste Selbstverständlichkeiten, die nicht explizit genannt werden, da sie automatisch und selbstverständlich – also ohne Worte und weitere Verständigung darüber – gelten, wie zum Beispiel »Geschlossene Türen bedeuten nicht, dass man nicht eintreten darf« und »Wenn ich etwas brauche, was einer aus der Familie hat, darf ich es mir nehmen, ohne zu fragen« oder, in einer anderen Familie: »Geschlossene Türen bedeuten, dass man nicht eintreten darf« und »Wenn ich etwas brauche, was einer aus der Familie hat, darf ich es mir nicht nehmen, ohne zu fragen«.

Wenn nun Teile zweier Familien mit unterschiedlichen und oftmals sogar widersprüchlichen Regeln, Ritualen oder Selbstverständlichkeiten zusammenleben oder zeitweise den Alltag miteinander teilen, prallen die Widersprüche aufeinander und führen zwangsläufig zu Konflikten. Diese sind gute Gelegenheiten, sich und die anderen kennenzulernen und sich seiner (unbewussten) Gewohnheiten, Selbstverständlichkeiten und Rituale bewusst zu werden. Das funktioniert jedoch nur, wenn sich alle in der Familie darüber im Klaren sind, dass diese Konflikte nicht vermieden werden können. Sie sind nicht gegen den jeweils anderen Teil der Familie gerichtet.[8] Im Folgenden erläutere ich die wichtigsten Rituale zu Kommunikation, Konfliktlösung und Alltagsgestaltung.

Unterschiede feststellen, benennen und akzeptieren

Es ist gut, sich seiner Familienkultur bewusst zu werden und die des anderen Familienteils kennenzulernen, bevor Sie einen gemeinsamen Alltag etablieren.

Nina und Ralf waren seit einem Jahr ein Paar und hatten die größte Lust, zusammenzuziehen. Ralf hatte zwei Kinder, Kai, 18, und Pauline, 16 Jahre alt. Er wohnte in einem großen, weitläufigen Haus in derselben Straße wie seine Exfrau und hatte genug Platz für Nina mit ihren drei Kindern. Anton (9), Nick (11) und Luzie (14) waren sofort von der Idee begeistert. Bei Ralf gab es einen Swimmingpool und einen Riesengarten und jeder hätte sein eigenes Zimmer. Bei Nina teilten sie sich eins zu dritt.

Ralfs Kinder jedoch waren wie Ralfs Mutter, die nebenan wohnte, nicht begeistert. Obwohl sich alle bisher gut verstanden, wurde es jetzt schwierig. Ralf war zwar schon seit vier Jahren getrennt, jedoch noch sehr verstrickt im alten Familiensystem, sodass seine Exfrau und seine Kinder es immer wieder schafften, ihm große Schuldgefühle zu machen. Das ging manchmal so weit, dass er Nina und ihren Kindern kurzfristig absagte und die Unternehmung, auf die sie sich gefreut hatten, nicht stattfinden konnte. Für Nina fühlte es sich an wie ein Verbot, das Kai oder Pauline aussprachen; in ihrer Wahrnehmung waren sie die eigentlich Herrschenden. Es gab viele Konflikte und immer wieder Streitereien unter den Kindern, aber auch zwischen Ralf und Nina. Der Plan zusammenzuziehen rückte in immer weitere Ferne.

WAS SIE TUN KÖNNEN

Familien-Quizbox

Die Familien-Quizbox ist ein guter Start ins Patchworkleben mit den Kindern. In der Box befindet sich ein Sammelsurium von Frage- und Aktionskarten, die Sie am besten selbst gestalten und zusammenstellen. Sie können sie auch in unterschiedlichsten Ausführungen kaufen.[9]

Die Quizbox ist ein spielerisches Mittel, um miteinander ins Gespräch zu kommen und sich besser kennenzulernen. Und sie ist ein guter Einstieg, die Kinder mit ins Patchworkleben zu nehmen. Hier werden unterschiedliche Geschichten, Einstellungen, Erfahrungen und Umgangsweisen sichtbar und bleiben einfach nebeneinanderstehen. Sie dürfen sein und werden nicht bewertet. Jede Sichtweise hat Berechtigung, es gibt kein Richtig und kein Falsch. Dennoch werden beim Spielen mögliche Konfliktfelder erkennbar. Jeder erfährt etwas von den anderen und hat Gelegenheit, sich außerhalb konkreter Streitsituationen bereits mit unterschiedlichen Umgangs- und Sichtweisen zu beschäftigen und sich darauf einzustellen.

Ich stelle Ihnen im Folgenden exemplarisch einige Karteninhalte vor. Vielleicht ermuntert Sie diese Beschreibung, selbst in Aktion zu treten, am besten mit Ihren Kindern. Die Box kann Karten zu folgenden Kategorien enthalten:

» **Fragekarten** zu persönlichen Erfahrungen und Erlebnissen, zum Beispiel zum letzten oder schönsten Urlaub, zum Lieblingsessen oder den drei wichtigsten Dingen, die man mit auf eine einsame Insel nehmen würde. Auch können hier Kindheitserinnerungen abgefragt werden: »Was war ein besonders inniges, lustiges, peinliches Erlebnis mit deinem Vater oder deiner Mutter, deinem Bruder, deiner Schwester?«

- **Themenkarten** zu philosophischen Themen, die auf Werte, Prinzipien und Selbstverständlichkeiten in der Familie abzielen, wie zum Beispiel: »Was fällt dir spontan zu Liebe in der Familie ein?«, »Was bedeutet für dich Geborgenheit, Vertrauen, Zusammenhalt, Harmonie?«, »Was würdest du sagen: Sind Streit und Auseinandersetzungen in der Familie wichtig? Inwiefern?«, »Was findest du wichtig, deinen Kindern beizubringen?«.
- **Regiekarten** zur konkreten Familiensituation wie zum Beispiel: »Wer gehört für dich mit zur Familie?«, »Wie sieht für dich ein guter funktionierender Familienhaushalt aus: Wer hat welche Aufgaben und was muss alles geregelt werden?«, »Wenn du allein bestimmen würdest: Was würdest du an der jetzigen Situation ändern? Einziger Punkt, den du nicht ändern kannst: jemanden rausschmeißen.«, »Was bedeutet für dich Familienzeit? Was steht dabei für dich im Mittelpunkt?«.
- **Emotionskarten** zu Gefühlen, Bedürfnissen und Fürsorge wie zum Beispiel: »Was glaubst du, wie fühlt sich die Person rechts von dir in der jetzigen Situation? Wie würdest du ihre Gefühlslage beschreiben?«, »Was ist besonders schwierig, schön, einfach für die Person, die dir gegenübersitzt?«, »Was glaubst du, wie der neue Teil der Familie mit Wut, Trauer, Freude, Angst umgeht?«, »Wie unterscheidet sich das von der Art, wie dein Teil der Familie damit umgeht?«.
- **Familienkarten** zu den unterschiedlichen Herkunftsfamilien: »Wie sieht deiner Meinung nach ein Urlaub, ein Geburtstagsfrühstück, eine Einschulung bei Familie A, wie bei Familie B aus?«.

Diese Fragen können auch so gestellt sein, dass man sie nicht für sich selbst beantworten muss, sondern für die Person, die links oder rechts von einem sitzt. Man muss also versuchen, sich in die andere Person hineinzuversetzen. Auch können die Fragen weitergegeben oder zurückgelegt werden, wenn derjenige, der an der Reihe ist, sie nicht beantworten will.

Diese Liste der Kategorien ist unvollständig und Sie können sie ohnehin ganz nach Ihren Bedürfnissen und Ihrer Situation erweitern und ergänzen. Sie können auch Aktionskarten erstellen, wie es Ihnen gefällt, beispielsweise mit witzigen Aufgaben oder Begriffen, die gemalt werden müssen und von der Runde erraten werden, etc. Vielleicht fangen Sie an und können dann Ihre Kinder begeistern, selbst Fragen und Aktionen zu erstellen.

Nina und Ralf begannen an einem Wochenende ein solches Spiel zu gestalten. Kai und Pauline fanden es kindisch und wollten nichts davon wissen. Die anderen drei wollten mitspielen, aber nicht mit vorbereiten. Also spielten sie zu fünft, 30 Minuten lang, wie Nina und Ralf es sich vorher überlegt hatten. Alle hatten Lust, am nächsten Tag wieder zu spielen. Ralf war traurig, dass seine Kinder nicht mitspielen wollten und somit nicht mit im Prozess waren. Er nahm sich vor, mit ihnen zu sprechen. Ihm wurde bewusst, dass er seine Herzenswünsche gegenüber seinen Kindern nicht gut ausdrücken konnte, da er schnell ein schlechtes Gewissen bekam. Das wollte er ändern.

Durch die spielerische Art, sich mit den Eigenheiten der Familie zu beschäftigen, wird – neben den vielen Infos, die eine wichtige Grundlage für eine WORK-Session darstellen – auch eine PATCH-Ebene hergestellt. Die unterschiedlichen Sichtweisen, Werte, Familienprinzipien und Geschichten bleiben einfach nebeneinanderstehen. Es muss bei diesem Spiel nichts geklärt oder gelöst werden. Alles darf sein. Für viele Paare, aber auch für die Kinder ist es oftmals eine völlig neue Erfahrung, so zu kommunizieren.

Viele Paare berichten, dass es am Anfang Überwindung kostet, sich auf die Fragen einzulassen. Auch wehren Kinder die Spielerunde häufig erstmal ab. Lassen Sie es zu, drängen Sie nicht zu sehr, machen Sie Ihren Kindern jedoch klar, dass Ihnen dieses Spiel am Herzen liegt. So, wie Sie manchmal etwas Ihren Kindern zuliebe spielen oder für sie tun, können Sie vielleicht mit Ihren Kindern verhandeln, dass Sie dieses Spiel Ihnen zuliebe mitspielen. Sie könnten die Frage »Was brauchst du, damit du mitspielen kannst?« im Hinterkopf haben und irgendwann auch stellen, um so einen Handel zu erreichen.

Kommunikation ist für viele anstrengend und häufig mit Problemen und Auseinandersetzungen verbunden. Hier kommt die Familie jedoch leicht ins Erzählen, es wird nichts beschlossen oder geregelt. Trotzdem ist die Stimmung nachher gelöster, Spannungen sind minimiert oder gar ganz weg und eine Offenheit für weiteres PATCHen da. So entsteht und wächst Verbundenheit.

Vertrauen Sie Ihrem Bauchgefühl und spielen Sie notfalls erstmal allein als Paar; wahrscheinlich ziehen Sie Ihre Kinder als Zuschauer damit an. Sie haben hier Gelegenheit, Ihren eigenen Kind-Ich-Anteil – Ihre Wünsche, Sehnsüchte und Bedürfnisse – auszudrücken und sich selbst darüber bewusst zu werden. Das ist attraktiv für Ihre Kinder und schafft eine liebevolle Atmosphäre, auf die sich Ihre Kinder bestimmt gerne einlassen.

Ralf fragte seine Tochter Pauline, ob er ihr etwas über sich erzählen dürfte. Pauline war etwas irritiert, fast beunruhigt, ging aber sofort mit Ralf spazieren. Ralf erzählte ihr, wie berührt er von den Erzählungen im Spiel war. Und wie sehr er sich so eine Atmosphäre auch mit ihnen wünschte. Und wie leid es ihm tat, dass er ihnen das nicht schon viel früher hatte geben können. Ihm kamen die Tränen. Und sie umarmten sich.

Konfliktlöserituale

Früher oder später kommen Konflikte auf – dessen können Sie sich sicher sein. Versuchen Sie also gar nicht erst, Konflikte zu vermeiden. Und denken Sie daran: Konflikte sind wertvolle Gelegenheiten, sich näher kennenzulernen (sehen Sie dazu ausführlich Kapitel 3) und sich als Familie weiterzuentwickeln. Wenn Sie also einen Konflikt haben, gilt es, diesem einen Platz zu geben, ihn wertzuschätzen und einen konstruktiven Umgang damit zu finden. Verabschieden Sie sich von dem Anspruch, schnell eine Lösung finden zu wollen. Die Lösung liegt genau in der Art und Weise, wie Sie mit dem Konflikt umgehen, nicht in einer rigiden Anordnung von Schritten, die Sie oder die anderen tun müssen.

Mia und Peter wohnten seit drei Jahren zusammen. Vor einem Jahr war überraschend Peters Sohn Lukas (17) zu ihnen gezogen, weil die Streitereien mit seiner Mutter überhandnahmen. Peter war sehr glücklich. Und Mia war auch zuversichtlich, sie mochte Lukas. Doch seit einigen Monaten war Lukas' Freundin Ina ständig bei ihnen. Die beiden gingen zusammen zur Schule, hatten viele Freistunden und verbrachten den ganzen Nachmittag und Abend in Lukas' Zimmer. Zwischendurch kochten sie sich was, räumten jedoch nicht so auf, wie Mia es gerne hätte. Auch gingen sie selbstverständlich davon aus, dass Mia und Peter für beide mit einkauften. Als Mia nun von der Arbeit kam und ein Wäscheständer mit Inas Unterwäsche im Wohnzimmer stand, rastete sie aus. Sie schrie beide an, Lukas schrie zurück, Türen knallten und eine halbe Stunde später hörte Mia, wie die beiden die Wohnung verließen.

WAS SIE TUN KÖNNEN

Die Familienkonferenz

Im vorherigen Kapitel habe ich die Familienkonferenz als gute Möglichkeit, gemeinsam Dinge anzugehen, erwähnt. Der Begriff macht schon deutlich, dass es sich um eine wichtige und ernst zu nehmende Veranstaltung handelt. Eine Familienkonferenz wird einberufen, wenn es Punkte zu besprechen gibt, die für die Familie von Bedeutung sind. Jeder kann diese einfordern, wenn es einen konkreten Anlass gibt, oder sie findet ritualisiert in einem bestimmten Rhythmus statt. An einem Termin, der für alle passt, setzen Sie sich für eine bestimmte Zeit, zum Beispiel 30 Minuten, zusammen und beginnen nach bestimmten Regeln über ein Thema zu sprechen. Die Regeln sind allen bekannt und wurden bestenfalls vorher gemeinsam entwickelt.

Ein Erwachsener übernimmt die Führung der Konferenz. Das Baumeisterteam – Sie als neues Liebespaar – geben dabei die Qualität, mit der die Kommunikation in der Familie geführt wird, vor. In einer ersten Runde erzählt jeder, wie es ihr oder ihm mit der aktuellen Situation geht. Wie sie sich anfühlt und was sie in einem auslöst, welche Ängste und Befürchtungen damit verbunden sind, was einen ärgert, schmerzt und traurig macht. Jeder hat ein paar Minuten Zeit, ohne Kommentare und Unterbrechung von sich zu erzählen. Das Gesagte bleibt so stehen und der nächste ist an der Reihe. Die Regeln helfen dabei, nicht in einen Streit zu geraten und anderen die Schuld zu geben oder Vorwürfe zu machen. Jeder hat Zeit und Raum, seine Wahrnehmungen und Empfindungen auszudrücken. Und die anderen haben Gelegenheit, diese zu erfahren und mitzufühlen.

Bis die Familienkonferenz von allen als Familienritual angenommen und geschätzt wird, bedarf es einer Einübungsphase. Beginnen Sie am besten mit solchen Familienrunden, wenn es keinen handfesten Konflikt gibt, vielleicht sogar, wenn es um eine Unternehmung geht, auf die sich alle freuen. Die Familienkonferenz ist für Erwachsene wie für Kinder ein effektives Handwerkszeug, die Familienintelligenz zu nutzen, um Konflikte und Spannungen zu lösen oder gemeinsame Vorhaben zu planen.

Oftmals scheint es auch überhaupt nicht vorstellbar, eine solche Runde mit allen Beteiligten durchzuführen. Weil die Kinder nicht mehr zu Hause wohnen, weil sie nicht wollen oder weil die Beziehung es einfach nicht hergibt. Verlassen Sie sich auf Ihr Gefühl und trauen Sie sich! Vielleicht beginnen Sie mit Ihrem Partner oder Sie bitten Ihre Kinder, es Ihnen zuliebe mit auszuprobieren, und üben das Ritual mit Ihren Kindern allein ein. Lassen Sie sich überraschen von den Effekten, die es auf die gesamte Familie hat. Sie sind nicht allein, die Energie fließt von einem Teil zum anderen.

Sie als Erwachsene tragen die Verantwortung für die Qualität der Auseinandersetzung. Daher brauchen Sie Gewissheit, dass die Regeln eine Unterstützung für Sie sind. Gestalten Sie sie so, dass Sie sich gut aufgehoben fühlen und Sie eine wirkliche Hilfe sind. Probieren Sie es aus, auch wenn es Ihnen zunächst komisch und fremd vorkommt. Die Regeln sind vergleichbar mit einem Geländer, das Sie auf dem Weg leitet. Erst nach einiger Zeit spüren Sie, welche Regeln gut für Sie beziehungsweise Ihre Familienkonstellation sind und welche Sie umgestalten, weglassen oder hinzufügen müssen. Hier einige Inspirationen:

» Legen Sie einen Rhythmus und einen Zeitrahmen fest. Je nach Alter der Kinder und Geübtheit ist ein Zeitrahmen von 30 bis 60 Minuten empfehlenswert. Vielleicht ist es auch gut, jede einzelne Redezeit festzulegen, zum Beispiel pro Person 3 bis 5 Minuten. Als Hilfe kann ein Ball oder Redestift dienen, nur wer diesen in der Hand hält, darf sprechen.

- Beginnen Sie mit der Runde. Je offener und ehrlicher Sie über sich und Ihre Ambivalenzen erzählen, umso mehr Erlaubnis geben Sie auch den Kindern, dieses zu tun. Die Kunst ist es, ehrlich zu äußern, was in Ihnen vorgeht, ohne den anderen die Verantwortung dafür zu geben. Sie können über sich und Ihre Gefühle sprechen, die das Verhalten eines anderen ausgelöst hat. Diese Information ist wichtig. Es bedeutet aber nicht, dass das Verhalten des anderen schlecht ist. Bleiben Sie bei sich und erzählen Sie, was bei Ihnen passiert und wie Sie sich fühlen.
- Manchmal kann es helfen, wenn Sie festlegen, dass die Sätze immer mit *Ich* beginnen. Dann ist die Gefahr geringer, dass Sie Vorwürfe machen oder den anderen sagen, was sie hätten tun sollen oder tun müssten.
- Das Baumeisterpaar der neuen Patchworkfamilie ist die Entscheidungsinstanz. In der Familienkonferenz können alle gehört werden, hier kann nach möglichen Arrangements gesucht werden, doch es ist keine demokratische Veranstaltung, bei der die Mehrheit bestimmt. Sie tragen die Verantwortung und die letzte Entscheidung liegt bei Ihnen. Es gilt auszuloten, was jeder Einzelne braucht, um Ihre Entscheidung zu akzeptieren und den Weg mitzugehen.
- Lassen Sie jedem Kind die volle Redezeit, auch wenn es schneller fertig ist. Vielleicht nutzen Sie die Zeit, um das, was Sie verstanden haben, nochmals zu spiegeln. Dabei können Sie auch Informationen aus Gestik und Mimik beachten. »Ich merke, du bist ganz unruhig und fühlst dich bei dem Thema nicht wohl. Es ist, als ob es dir Angst machen würde. Das kann ich gut verstehen. Du weißt ja gar nicht, was auf dich zukommt.«
- In der ersten Runde erhalten Sie wahrscheinlich einen großen Blumenstrauß an Perspektiven, Wahrnehmungen und Meinungen. Alle sind wichtig und brauchen einen Platz. Legen Sie alles

sinnbildlich auf den Tisch und läuten Sie dann die zweite Runde ein: »Was machen wir damit?«

- Mit einigen Äußerungen müssen oder können Sie wahrscheinlich gar nichts machen, sondern müssen die Wahrnehmungen einfach akzeptieren und annehmen. Bei der Ankündigung beispielsweise, dass ein neues Baby in die Familie kommen wird, gibt es neben der Freude immer auch Trauer und Angst, die vielleicht besonders von den größeren Kindern zum Ausdruck gebracht wird. Diese Ambivalenz darf sein, braucht Platz und will gesehen werden. Es muss nichts getan werden, außer auch für diese Gefühle Platz in verschiedensten PATCH-Sessions zu schaffen.
- Vielleicht wurde in der Runde aber auch ein Konflikt deutlich, zum Beispiel, dass ein Kind das Gefühl hat, mehr tun zu müssen als ein anderes. Hier könnte die Arbeitsaufteilung nochmal überprüft und gegebenenfalls verändert werden.
- Es gibt bestimmt Punkte, die einfach eine Weile wirken müssen. Es bleiben Fragen offen und diese werden beim nächsten Mal weiterbesprochen.

Mia und Peter besprachen die Situation zunächst zu zweit. Mia fühlte sich nicht respektvoll behandelt. Als ob sie nicht wichtig wäre, dabei war es ihre eigene Wohnung. Peter fühlte sich zerrissen. Er saß zwischen den Stühlen. Er hatte Angst, dass Lukas wieder ausziehen würde; das wollte Peter nicht. Und er konnte Mia verstehen.

Peter sprach auch mit Lukas. Lukas fühlte sich von Mia nicht willkommen geheißen. Es war doch jetzt auch sein Zuhause, er und Ina nahmen doch schon so viel Rücksicht. Peter konnte Lukas von seiner Angst erzählen und von seiner Liebe zu Mia. Und wie sehr er sich wünschte, dass die beiden miteinander reden würden.

So verabredeten sie ein Tischgespräch zu viert: Mia, Peter, Lukas und Ina. Sie sprachen eine Stunde über sich und die Situation, hatten danach keine Lösung und noch keine Idee. Sie verabredeten sich für eine weitere Runde eine Woche später. Dann aßen sie zusammen das vorher bestellte Sushi und die Stimmung war gut. Ina meinte beim Essen, es käme ihr gerade so wie in einer WG vor. Diese Idee fanden alle spannend und Peter und Mia erzählten von ihren absurden und lustigen WG-Erfahrungen …

Im Rahmen einer Familienkonferenz oder davon losgelöst kann auch die Übung des mentalen Fotos, das ich in Kapitel 3 bereits beschrieben habe, hilfreich sein. Das Spiel erleichtert es Ihnen, die Perspektive des anderen einzunehmen.

Das Vier-Schritte-Ritual

Bei einem Konflikt kann es hilfreich sein, die folgenden vier Schritte im Hinterkopf zu haben, denn von ihnen können Sie sich beim eigenen Erkunden Ihrer Befindlichkeit, im Einzelgespräch mit Ihren Lieben oder bei einer Familienkonferenz führen lassen:

- » **Erster Schritt:** Was ist das Problem? An welcher Stelle entzündet sich der Konflikt?
- » **Zweiter Schritt:** Was bedeutet das Problem für mich? Für die anderen? Für unsere Situation?
- » **Dritter Schritt:** Welche möglichen Lösungen gibt es? Lassen Sie alle denkbaren Lösungsvorschläge – auch der anderen Familienmitglieder – zu und schreiben Sie sie zunächst auf Ihre mentale Brainstorming-Liste.
- » **Vierter Schritt:** Was ist für mich machbar? Was geht für die anderen? Was ist für unsere Situation realistisch?

Oft ist es gut, sich zunächst zu den einzelnen Schritten nur Notizen zu machen und dann jeweils zwischen den einzelnen Schritten Zeit vergehen zu lassen, sodass die dazugehörigen Gedanken und Gefühle sich Raum verschaffen können.

Kilian (9) wechselte wochenweise von seinem Vater Klaus zu seiner Mutter Chiara. Beide lebten in neuen Partnerschaften und soweit funktionierte alles gut. Chiara und ihre Lebensgefährtin Melanie hatten einen Urlaub gebucht in der Annahme, dass Kilian die ersten zwei Wochen der Sommerferien bei Klaus wäre. Es sollte in die Karibik gehen. Nun gab es jedoch Ärger, weil Klaus ebenfalls einen Urlaub zu zweit mit seiner neuen Partnerin geplant hatte. Er hatte Chiara anders verstanden. Böse E-Mails wurden geschrieben mit Vorwürfen und Versuchen, den jeweils anderen zur Stornierung des Urlaubs zu bringen.

Nach dem jetzigen Stand der Planung war Kilian zwei Wochen allein. Das bedeutete für Chiara eine Katastrophe, denn sie konnte nicht in den Urlaub fahren, weil sie sich als Mutter verantwortlich fühlte. Klaus fühlte sich durch Chiaras Vorwürfe zu Unrecht beschuldigt und reagierte mit Trotz und Zurückweisung. Chiara beschrieb ihre Situation in einer E-Mail und bat Klaus, dies ebenfalls zu tun. Sie konnten zwar das Missverständnis nicht auflösen, gegenseitig aber ihre Lage besser verstehen. Letztlich entschlossen sich die beiden, konstruktiv nach einer Lösung zu suchen.

Melanie brachte die Idee ein, dass Kilian zu ihren Eltern gehen könnte. Sie würden sich freuen. Die Idee brachte Erleichterung und nun war es an Klaus und Chiara zu überlegen, ob dies für sie beide eine denkbare Lösung wäre …

Dem neuen Alltag eine Struktur geben

Eine Alltagsstruktur zu gestalten, die alle Eventualitäten berücksichtigt, ist eine große Herausforderung. Gehen Sie davon aus, dass in einer Patchworkfamilie ein klarer und beständiger Rhythmus, bei dem alles nach Plan läuft, eher die Ausnahme ist. Es kommt – wie bei jeder anderen Familie – immer etwas, mit dem Sie gerade nicht gerechnet haben. Nur sind in Ihrer Patchworkfamilie mehrere Menschen am Alltag beteiligt, deren Schritte immer auch alle anderen betreffen: Ein Kind ist krank, Ihre Exfrau muss auf Dienstreise, Sie haben Handwerker zu Hause, der beste Freund Ihres Kindes feiert seinen Geburtstag nach, die Patentante lädt zum Jubiläum ein, Ihre Liebste will mit Ihnen endlich wieder einmal ins Theater …

Sie brauchen also eine Alltagsstruktur, die möglichst flexibel ist und offen bleibt für Unwägbarkeiten. Vielleicht hilft Ihnen das Bild eines Tanzes. Die Anzahl der Mitglieder des Tanzensembles ist klar und auch die Schauplätze stehen fest. Die Choreografie ist geplant und einstudiert, ab und zu aber findet ein improvisiertes Solo statt. Gehen Sie davon aus, dass jedes einzelne Familien- beziehungsweise Ensemblemitglied Improvisationsqualitäten hat und diese auch von Zeit zu Zeit zeigen will.

Es gilt also einerseits, mit allen eine Struktur abzusprechen, das wäre der bereits öfter in diesem Buch angesprochene WORK-Part. Der Erfolg und die Ausstrahlung der Performance hängen aber zum entscheidenden Teil von der PATCH-Qualität Ihrer Familie ab. Hier fließt die Liebesenergie und beflügelt die Absprachen, die Regeln und Rituale. Hier spüren Sie immer wieder die Verbundenheit mit den anderen und aus dieser heraus können Improvisationskünste der einzelnen Personen sichtbar werden.

WAS SIE TUN KÖNNEN

Patchwork-Choreografie immer wieder abstimmen

Als Baumeisterpaar haben Sie wahrscheinlich schon längst eine Umgangsregelung mit Ihren jeweiligen Expartnern entwickelt. Es ist also klar und transparent für Sie und die Kinder, wer wann wo ist und wer wann die elterliche Verantwortung hat. Damit steht die grobe Patchwork-Choreografie, die hoffentlich flexibel genug ist, Ausnahmen vom regelmäßigen Ablauf einzubeziehen. Nun können Sie als Baumeisterteam mit oder ohne Ihre Kinder die weitere Familien-Choreografie planen. Hierbei kann Ihnen das Patchworkkarussell (siehe Kapitel 3) oder die Puzzle-Übung helfen (siehe Kapitel 4).

Die besonderen Tage: Geburtstage, Ferien, Weihnachten & Co.

Jeder Alltag wird durch Sonn-, Feier- und Ferientage unterbrochen. Diese besonderen Tage erscheinen manchmal wie die Rettung aus dem grauen und anstrengenden Alltag. Vielleicht kennen Sie das auch: Sie verschieben Ihre Bedürfnisse und Sehnsüchte auf andere Zeiten, sprechen sich selbst Mut zu: »Durchhalten, Zähne zusammenbeißen, weitermachen: Bald sind ja Ferien.« Nur, was tun, wenn dann die ersehnten Feier- und Urlaubstage zum absoluten Graus werden? Wenn die wohlverdiente Ruhe und Erholung sich selbst bei einer mehrwöchigen Urlaubszeit nicht einstellen oder die Lebensqualität nicht besser wird, obwohl Sie Ihre Arbeitszeit reduziert haben?

Je stärker Sie im Alltag Ihre Wünsche und Bedürfnisse zurückstellen, umso wichtiger sind Erholungspausen zum Luftholen.

Vielleicht funktioniert die »Bald-Strategie«, wenn Sie Single sind oder sich in einem eingespielten Zweierteam gut abgestimmt haben. In einer Patchworkfamilie jedenfalls kommen Sie mit dem »Augen zu und durch«-Prinzip nicht weit. Sie sind wahrscheinlich nicht die einzige Person, die sich im Alltag über die Maßen verausgabt und das alleinige Recht auf einen wohlverdienten Urlaub hat. Ihre Liebste erhofft sich Erholung und Zeit zu zweit, vielleicht auch endlich mal eine Unternehmung, die nichts mit Kindern zu tun hat. Ihre Kinder freuen sich auf exklusive und intensive Zeit zum Spielen, Toben und Kuscheln und endlich den lang ersehnten Ausflug ins Phantasialand.

Die Erwartungen an die Wochenenden, die Feiertage, den Urlaub und die möglichen Auszeiten werden durch einen in Patchworkfamilien oftmals besonders komplexen und durchorganisierten Alltag so hochgeschraubt, dass hier Enttäuschungen vorprogrammiert sind.

WAS SIE TUN KÖNNEN

Wünsch dir was …

Machen Sie beim Frühstück, beim Abendessen oder wann auch immer Sie spüren, dass es Zeit wäre, etwas für Ihre Kind-Ichs zu tun, Wünsche-Runden. Jeder darf von seinen Wünschen erzählen – wobei jedem klar ist, dass Wünsche kein Anrecht auf Umsetzung in die Realität haben. Es können kleine Wünsche sein, die auf eine konkrete Situation abzielen, beispielsweise: »Ich wünsche mir zum Abendessen Currywurst mit Pommes.« Oder es werden große Sehnsüchte in den schönsten Farben geschildert: »Ich wünsche mir, dass wir alle zusammen in einem großen Haus wohnen«, oder: »Ich hätte so gerne Urlaub!« So wissen alle, was gerade beim anderen los ist, und auch, wenn die Wünsche vielleicht unerfüllbar sind, können sie behandelt und bearbeitet werden. Erlauben Sie sich und Ihren Liebsten einen kleinen Träummoment! Eine kleine Auszeit, die Sie kurz aus dem Alltagsgeschehen herausnimmt und manchmal ungeahnte Kräfte und Energien freisetzt. Das muss nicht unbedingt in diesen Runden selbst passieren. Lassen Sie sich überraschen. Ab und zu erleben Sie dann vielleicht, dass es zum Abendessen Ihr Lieblingsessen gibt, oder Ihr Kind bringt Ihnen mit den Worten »Träum doch ein bisschen vom nächsten Urlaub!« eine Limo mit Schirmchen, weil es weiß, wie sehr Sie sich nach Urlaub sehnen. Und auch Sie haben genügend Anhaltspunkte, den Alltag für die anderen etwas bunter werden zu lassen.

Weihnachten – das Fest der heiligen Patchworkfamilie

Jede Familie kennt die großen Erwartungen und entsprechenden Enttäuschungen vom Weihnachtsfest. Das höchste Fest der Familie, der Liebe und des Friedens ist da und die ganze Familie soll *Süßer die Glocken nie klingen* singen. Der Anspruch an Frieden, Freude, Eierkuchen ist für klassische Familien schon groß und für Patchworkfamilien oftmals mit zusätzlichen logistischen Meisterleistungen und emotionalen Herausforderungen verbunden. Und dann kommt es spätestens am 1. Weihnachtsfeiertag zum berühmten Weihnachtskrach. Die (unbewusste) Vorstellung von Weihnachtsharmonie und Freude wirkt wie ein Korsett für alle Familienmitglieder. Alle werden in Weihnachtszwänge gedrängt und spüren den Druck der Glückseligkeit. Je konkreter die unausgesprochenen Erwartungen sind, umso kleiner werden der eigene Spielraum und die Bewegungsfreiheit. Und dann passiert es: Ein Familienmitglied befreit sich, poltert los und bricht aus. Krach, Geschrei und schlechte Stimmung vertreiben die zuckersüße, klebrige Stimmung. Wenn es gut läuft, können nach dem Donnerwetter Entspannung und Gelassenheit Einzug halten und das Weihnachtsfest kann noch gemütlich werden. Nachdem die Erwartungen und festgefahrenen Bilder gesprengt wurden, dürfen sich alle bewegen, wie sie wollen und können.

WAS SIE TUN KÖNNEN

Die Krippe als Symbol für entspannte Patchwork-Weihnachten

In der Krippe zu Jesus Zeiten war es für Maria und Josef erstmal ziemlich unwirtlich. Sie fanden nur Herberge in einem zugigen Stall und nichts erinnerte an Glanz und Glamour. Und gerade deshalb ist dieser unperfekte Rahmen für den Weihnachtsmoment genau richtig. Ohne Zwang, ohne Ansprüche und Erwartungen kann sich das Glück entwickeln. Und es muss auch nicht alles an einem Tag passieren. Die Heiligen Drei Könige kamen erst Tage später. Übrigens: auch die heilige Familie war eine Patchworkfamilie.

Klären Sie, welche Weihnachtserlebnisse für wen von großer Bedeutung sind

Setzen Sie sich – am besten schon weit im Vorfeld von Weihnachten – in einer Familienrunde zusammen und erzählen Sie sich von Ihren schönsten Weihnachtserlebnissen. Vielleicht können Sie dann den ein oder anderen Moment in Ihre Weihnachtsgestaltung aufnehmen oder die Essenz der Bedeutung in ein neues Weihnachtsritual umwandeln.

Entwerfen Sie eine Weihnachtschoreografie

Planen Sie, wann wer wo mit wem feiert. Achten Sie dabei darauf, dass Sie genügend Zeit haben für die jeweiligen Treffen und eventuell auch für die Zeit dazwischen. Erweitern Sie dabei den Weihnachtszeitraum ruhig großzügig über Silvester hinaus; Besuche und besondere Unternehmungen können Sie auch auf Wochenenden im Januar legen. Um eine stimmige Choreografie zu erstellen, brauchen Sie wahrscheinlich einige Familienrunden, um zu erfahren, welche Bedeutung die jeweiligen Weihnachtsrituale für die einzelnen Familienmitglieder haben. Loten Sie aus, was für Sie machbar ist und was höchste Priorität hat. Es kann ein kniffliges Unterfangen sein. Aber die Mühe lohnt sich, um dann – vielleicht neuartige – wunderbare Weihnachtsmomente zu erleben.

Haben Sie einen Notfallplan zur Hand

Überlegen Sie sich – wie in Kapitel 1 beschrieben – gemeinsam einen Notfallplan. Er gibt Sicherheit und jeder weiß im Zweifel, was zu tun ist. So können Sie Katastrophen vermeiden und bewegen sich jederzeit in einem abgesteckten und sicheren Beziehungsrahmen.

Urlaubszeit – die schönste Zeit des Jahres

Auch der wohlverdiente Urlaub und die Ferienzeiten sind oftmals mit Erwartungen überfrachtet. Jeder will entschädigt werden für die Entbehrungen im Alltag. Und dann wird es schwierig, anstrengend und ganz anders als erwartet.

Chris war beruflich stark eingespannt und sah seine Tochter Emilia (13) nur jedes zweite Wochenende. Er hatte ihr daher versprochen, dass sie jedes Jahr in den Sommerferien eine tolle Reise machen würden. Seit Jahren war das eine besondere Zeit für Vater und Tochter. Dieses Jahr sollte es nach Italien gehen. Seit zwei Jahren war Chris mit Janina zusammen. Janina hatte an der Adria ein Ferienhaus, in das sie jedes Jahr mit ihren beiden Kindern (Ben, 6, und Ronja, 9) fuhr. Für Ben und Ronja war das Haus wie ein zweites Zuhause, sie kannten sich aus und freuten sich riesig auf diese Zeit. Nun hatten Chris und Janina geplant, in diesen Sommerferien zusammen mit dem Auto zu dem Haus zu fahren und dort eine Woche zu bleiben. Dann würde Chris mit Emilia allein weiter nach Rom fahren, von wo aus sie zurückfliegen sollten. Janina blieb noch ein paar Tage mit ihren Kindern und wollte dann mit dem Auto zurückfahren. So weit der Plan, mit dem alle einverstanden waren.

Die grobe Urlaubsplanung ist – wie bei Chris und Janina – schnell gemacht. Die konkrete Ausführung stellt sich jedoch jeder – manchmal sehr detailliert – anders vor. Abhängig davon, welche alten Rituale und Selbstverständlichkeiten hineinspielen und ob und welche neuen sich schon ausgebildet haben, fällt oft auch niemandem ein, überhaupt darüber zu sprechen, weil es in der subjektiven Empfindung keine Fragen oder Unklarheiten gibt.

Sie fuhren mit Chris' Auto. Beim Einsteigen setzte sich Emilia ganz selbstverständlich auf den Beifahrersitz, so wie sie es seit zwei Jahren immer machte, wenn sie mit ihrem Vater unterwegs war. Janina war verdutzt, hoffte auf eine Platzanweisung ihres Liebsten. Dieser zuckte nur mit den Achseln und Ben rief: »Ja, Mama sitzt mit uns hinten! Juchu!« Janina fügte sich, die ganze Fahrt über spürte sie aber ein

Grummeln. Schließlich wollte sie als Paar in den Urlaub fahren, nicht als dritte Person auf der Kinderbank.

Bei der Ankunft im Haus liefen Ben und Ronja direkt in ihr Zimmer und holten ihre Spielsachen aus den Regalen. Emilia wollte nicht »mit den Kleinen« in einem Raum schlafen. Am liebsten wollte sie mit ihrem Vater allein sein. Janina dachte, Emilia könnte auf der – zugegeben sehr schmalen – Schlafcouch im Wohnzimmer schlafen. Emilia war unglücklich, ihr flossen die Tränen die Wangen herunter. Das konnte Chris überhaupt nicht ertragen und er fragte Janina, ob es okay sei, wenn er und Emilia im Schlafzimmer schlafen würden und sie auf der Schlafcouch. Janina war nach der langen Reise zu müde, um wütend zu werden, fasste aber aber allein auf der Schlafcouch den Entschluss, dass sie das Thema am nächsten Tag ansprechen wollte.

Verschiedene Selbstverständlichkeiten prallen aufeinander und führen zu Unmut. In diesem Beispiel wurde im Vorfeld wenig über die unterschiedlichen Vorstellungen und den konkreten Ablauf gesprochen. Enttäuschungen waren vorprogrammiert.

WAS SIE TUN KÖNNEN

Sprechen Sie Vorstellungen im Vorhinein aus

Sie tun gut daran, praktische Fragen vorab zu klären, beispielsweise: Wer sitzt wo auf der Fahrt? Wer schläft wo? Und wer verbringt wie und mit wem Zeit im Urlaub? Wenn dann Unmut und Missstimmung aufkommen, können Sie vorher Lösungen finden, jeder kann sich auf die Situation einstellen, vielleicht verhandeln: »O.k., ich sitze mit den Kindern hinten, dafür will ich aber ein Zimmer allein. Könnt ihr dann nicht zusammen im Wohnzimmer schlafen?«

Geburtstag, Kommunion und Abschlussfeier

Persönliche Feiertage der Kinder sind eine besondere Herausforderung im Alltag. Es soll der besondere Tag für das Kind sein und vielleicht sind Sie bestrebt, Ihrem Kind seine Wünsche zu erfüllen. Doch was tun, wenn das Kind sich wünscht, mit Mama und Papa zusammen seinen Tag zu verbringen, Ihre Beziehung zu Ihrem Expartner aber nicht so entspannt ist oder es aus anderen Gründen nicht stimmig wäre?

Bei solchen Anlässen, bei denen die Eltern noch eine sehr große Rolle spielen, ist es gut, die Familienhierarchie zu beachten. Es ist entscheidend für den Ablauf und die Stimmung bei dem Fest, wie Sie sich fühlen und welche Haltung Sie einnehmen. Daher ist es gut, sich im Vorfeld zu überlegen, wie eine Feier gestaltet werden kann, mit der Sie und Ihr Expartner sich gut fühlen und auf die sich alle einstellen können.

Es kann dann natürlich sein, dass Sie oder Ihr Expartner nicht gemeinsam mit Ihrem Kind feiern wollen und Ihr Kind traurig ist. Schließlich geht sein Wunsch nicht in Erfüllung. Wichtig ist es dann, Raum für diese Trauer zu schaffen und mit Ihrem Kind zu fühlen. Lassen Sie sich erzählen, warum es traurig ist und woran es hängt, weil es so schön war. Gehen Sie mit in die Erinnerungen und Bedeutungen, vielleicht kommen Ihnen auch die Tränen. So kann Ihr Kind seine Sehnsuchtsvorstellung am besten loslassen. So lässt es sich gerne von Ihnen führen und kann sich nach einiger Zeit auf den neuen Plan einlassen.

Kira wollte so gerne ihre Kommunion mit Mama und Papa zusammen feiern, so wie es ihr Bruder Johannes vor zwei Jahren auch konnte. Es war ein tolles Fest, an das sie gerne zurückdachte. Doch mittlerweile hatte sich die Situation entscheidend geändert. Ihr Vater

Mike war mit Susi zusammen und ihre Mutter Arjana mit Bernd. Beide waren ganz froh, über das Notwendigste hinaus keinen Kontakt miteinander haben zu müssen. Arjana waren die Kirchenfeste nie wichtig gewesen, sie war gar nicht getauft. Insofern konnte sie nun Mike in der Ausrichtung der Kommunionsfeier den Vortritt lassen. Er und Susi machten die ganze Vorbereitung für die Feier, die nach der Kirche bei ihnen im Garten stattfinden sollte. Arjana plante, anlässlich Kiras Kommunion ein Wochenende später einen Tag mit ihrer Familie und Freunden im Freizeitpark zu verbringen, nur Kira, Johannes, Arjana und Bernd. Zuerst war Kira traurig, sie wollte auch ihre Mutter beim ersten Fest dabeihaben. Sie weinte und erzählte ihrem Vater und ihrer Mutter von Johannes' Fest und wie sehr sie es sich auch so für sich wünschte. Beide Elternteile nahmen sich Zeit und fühlten mit. Es dauerte etwas, aber dann interessierte sich Kira immer mehr für die Planungen beider Feiern. Sie fragte viel und war dann glücklich, dass sie zweimal feiern konnte.

WAS SIE TUN KÖNNEN

Befragen Sie die Familienhierarchie

Je kleiner die Kinder sind, umso wichtiger sind Sie als Eltern und umso mehr haben die Kinder ein Recht auf Ihre Führung. Achten Sie daher darauf, dass Sie sich an den Festtagen wohlfühlen, auch wenn die Ausgestaltung gegen den ursprünglichen Wunsch Ihres Kindes geht. Nicht alles, was Ihr Kind sich wünscht, muss auch umgesetzt werden. An besonderen Tagen braucht es auch besonders stabile Eltern, die gut für das Kind sorgen können!

Es gibt viele Ausnahmen im Alltag und immer wieder herausfordernde Situationen. Natürlich ist es nicht möglich, sich für jede Situation schon vorher die passende Umgangsweise zurechtzulegen. Sie werden es längst gespürt haben: Es kommt auf eine grundlegende Haltung an, aus der heraus Sie und Ihr Partner jederzeit Entscheidungen treffen können. Denn die Lösungen, die Sie in der einen Situation finden, und das Prinzip, an dem Sie in der anderen Situation festhalten, werden oftmals in einer weiteren Situation wieder infrage gestellt. So ist es, es verändert sich ständig und Sie mit! Davon mehr im letzten Kapitel.

Sechste Phase

Wahret die Anfänge – Wie Sie Ihre Liebe selbstbewusst gestalten

Was kann denn jetzt noch kommen? In den vorhergehenden fünf Kapiteln haben Sie erfahren, in welchen Phasen sich Ihre Liebe entwickelt hat beziehungsweise noch entwickelt. Nach der Verliebtheit in einer Parallelwelt und den ersten Dysbalancen haben Sie sich intensiv kennengelernt, Luftschlösser gebaut und diese mit Ihren Kindern in Ihren Alltag integriert. Ihr Partner, Sie selbst und die Kinder haben sich an das neue Familiengefüge gewöhnt und Sie haben sich selbstbewusst in einem Familienalltag mit Platz für Ihre Liebe eingerichtet. Die Konflikte sind weniger geworden, die Rituale funktionieren und es ist Ruhe eingekehrt. Vielleicht spüren Sie manchmal, dass die Phasen doch noch nicht komplett abgeschlossen sind. Es darf sein, dass Sie hin und her springen.

Und nun kommt eine neue Phase, in der Sie einerseits spüren, wie Ruhe einkehrt, es andererseits aber auch sein kann, dass alte – schon längst bewältigt geglaubte – Themen wieder wichtig werden. Manchmal wird dies durch Veränderungen im Familiengeschehen ausgelöst, manchmal dadurch, dass Kinder größer werden und verstärkt ihre eigenen Wege gehen, oder Sie spüren einen Wandel in Ihrer Liebe.

Vielleicht fühlt es sich gelegentlich wie ein Rückschritt an. Doch vertrauen Sie auf Ihre Entwicklung und stellen Sie sich auf Ihren lebenslangen Lern- und Liebesprozess ein. Darauf bereitet Sie dieses Kapitel vor. Denn so, wie Sie sich nun mit Ihrer Liebe und Ihrer

Familie eingerichtet haben, bleibt es nicht. Leben heißt ständig in Bewegung und Entwicklung zu sein. Das bedeutet stetige Veränderung, egal, wie alt Sie selbst oder Ihre Kinder sind und wie lange Ihre Liebesbeziehung schon besteht. Da geht es Ihnen so wie jedem anderen Liebespaar auch. Doch als patchworkerprobte Liebende haben Sie in dieser Phase wohl einige Vorteile gegenüber klassischen Paaren.

Zurück auf Los!?

Es ist ein Irrtum zu glauben, dass alle Schwierigkeiten und Turbulenzen vorbei sind, wenn Sie eine gelungene Familienstruktur gefunden haben und alles in gutem Fluss ist. Veränderungen, wie zum Beispiel die Geburt eines gemeinsamen Kindes, ein Umzug oder neue Arbeitsverhältnisse eines Patchworkbeteiligten, können immer wieder große Herausforderungen für Ihre Liebesbeziehung bedeuten. Viele Patchworkpaare halten sich dann an der Vorstellung fest, dass irgendwann die Kinder aus dem Haus sein werden. Und ist es dann so weit, bedeutet genau dieser Moment für Sie als Patchworkliebespaar wieder eine große Herausforderung: Sie waren ja noch nie wirklich ohne Kinder. Zumindest seelisch waren Ihre Kinder von Anfang an dabei und oft auch ganz real im Alltag. Deshalb ist der neue Lebensabschnitt ohne Kinderalltag oft mit vielen Erwartungen und Sehnsüchten aufgeladen.

Der Glaube an dieses »erlösende Danach« ist manchmal sehr stark, viele Paare klammern sich an dieser Perspektive regelrecht fest. Sie legen sich Durchhalteparolen zurecht und halten schwierige Zeiten zähneknirschend und mit in der Tasche geballten Fäusten aus. Immer verbunden mit der Hoffnung, dafür dann belohnt zu werden: »Wenn die Kinder groß und aus dem Haus sind, ist

Schluss mit der Anstrengung und den Spannungen. Dann wird alles gut. Dann stört unsere Liebe nichts mehr und wir sind glücklich« – so die (un-)bewusste Hoffnung.

Sie ahnen wahrscheinlich, dass das eine Illusion ist. Konflikte und Unmut werden nicht wie von selbst aus Ihrem Familienmiteinander verschwinden – egal, ob die Kinder noch ganz klein und Ihre Liebe frisch ist oder die Kinder erwachsen sind und weit weg wohnen. Also stellen Sie sich auf den Wandel ein. Ihre Liebe ist Ihre Basis, mit Konflikten und Widerständen konstruktiv und kreativ umzugehen. Warten Sie nicht auf eine Veränderung, die Erlösung bringt, sondern leben Sie mit dem Wandel. So entwickeln sich wertvolle Prozesse und Beziehungen, die eine Bereicherung für den Alltag und Ihr Leben und Ihre Liebe darstellen.

Re-Vision und Neuaufstellung

Immer häufiger kommen Patchworkpaare, die längst erwachsene Kinder haben, in meine Praxis und suchen Rat, weil ihre Illusion (»Wenn die Kinder aus dem Haus sind, wird alles gut!«) enttäuscht wurde. Es wird deutlich, dass die Patchworkkonstruktion weiterhin herausfordernd bleibt und eine Re-Vision und eine Neuaufstellung immer wieder nötig sein können. Dies hält immer wieder Gelegenheiten zur persönlichen Entwicklung bereit.

Andreas (57) und Gitte (50) waren seit fast 20 Jahren ein Paar. Andreas' erwachsene Töchter (27 und 24) hatten eigene Partner und Marie, die ältere von beiden, sollte in einigen Monaten ihr erstes Kind bekommen. Vor der Geburt sollte die Hochzeit stattfinden. Das sorgte für Aufregung in allen Teilen der getrennten Familie. Andreas hatte seit einigen Jahren keinen Kontakt mehr zu seiner Exfrau Sybille, endlich war in Andreas' und Gittes Beziehung Ruhe eingekehrt. Jetzt wollte Marie ihre Hochzeit mit allen feiern, hatte jedoch Angst vor Eskalationen und schlechter Stimmung an ihrem großen Tag. Also hatte sie sich entschieden, nicht mit beiden Elternteilen gleichzeitig zu feiern. Andreas und Gitte sollten zur standesamtlichen Trauung und zum Mittagessen kommen. Ihre Mutter und ihr Stiefvater waren dann am Abend beim Fest eingeplant. Andreas und Gitte waren gekränkt, dass sie beim Fest nicht dabei sein sollten, konnten Maries Entscheidung jedoch verstehen.

Irgendwann verändert sich eine Familienstruktur und es bedarf einer Neuaufstellung für Sie als Liebespaar. In diesem Beispiel geht die Patchworkfamilie in die nächste Generation. Die Kinder halten sich nun nicht mehr an die bisher geltende Familienhierarchie und -regeln. Sie haben eigene entwickelt. Und das ist richtig so. Doch es bringt Sie womöglich an Punkte, an denen alte Kränkungen und Konflikte wieder spürbar werden. Auch das darf sein.

Anlass der Beratung war nun, dass Gitte wütend war und keine Lust mehr hatte, sich diese alten Geschichten von Andreas und seiner Exfrau anzuhören. Andreas ärgerte sich wieder sehr über Sybille und machte sie dafür verantwortlich, dass er nicht zum Fest seiner Tochter kommen durfte. Gitte ärgerte es, dass sich wieder alles um Sybille drehte, statt um ihre Liebe und den neuen Lebensabschnitt ohne Kinder. Gitte und Andreas gerieten aneinander. Beide hatten Angst, dass es – besonders im Hinblick auf das Enkelkind – wieder ähnlich schwierig werden würde wie damals mit seinen Töchtern.

Wieder steht scheinbar die neue Liebe hintenan und die Aufregung um die Exfamilie, die Kinder und das erste Enkelkind nimmt viel Raum ein. Die ungeklärten Kränkungen in der Elternbeziehung wirken wieder oder immer noch in Ihre Liebesbeziehung hinein und bringen Anspannung in Ihren doch so sehr herbeigesehnten neuen Lebensabschnitt ohne Kinder und Exfamilie.

WAS SIE TUN KÖNNEN

Unterscheiden Sie die frühere und die jetzige Situation

Machen Sie sich bewusst, dass Sie nicht mehr akut in der früheren Situation stecken. Auch wenn vieles an diese erinnert: Es ist eine neue Situation. Sie nehmen die alten Kränkungen und Gefühle zwar noch wahr, aber eher wie ein Winken aus der Ferne. Vielleicht hilft Ihnen das Bild einer Spirale: Sie bewegen sich genau über Ihrem alten Film, aber nicht mehr in ihm. Sie sind nun eine Schleife weiter und bewegen sich kontinuierlich aus der alten Geschichte heraus. Sie befinden sich an einem anderen Punkt Ihres Lebens als damals. Sie sind in einer anderen Situation, in einer anderen Beziehung und können nun anders mit ihrer alten Geschichte umgehen.

Comeback alter Kränkungen

In solchen Situationen lauert die Gefahr, dass alte Gefühle aktiviert werden und Sie überfluten, bevor Sie die Situation gut eingeordnet haben. Ihre Energie ist plötzlich im Kind-Ich und Sie haben Angst, dass all das Erlebte wieder von vorn losgeht:

Erinnern Sie sich an produktive Trennungsprinzipien, mit denen Sie sich in Kapitel 1 befasst haben. Lassen Sie sich von den Übungen inspirieren, sortieren Sie Ihre seelischen Baustellen und machen Sie sich auf diese Weise wieder klar, wo Sie stehen, was Sie wollen und welche Verantwortung Sie haben. Diese Einordnung hilft Ihnen zu erkennen, dass es nicht wieder von vorn losgeht, sondern Sie damals bereits eine Krisenerfahrung gemacht haben, auf die Sie jetzt als Ressource zurückgreifen können.

Wenn Sie jetzt noch einmal auf diese alte Situation zurückblicken, geht es nicht um eine Auseinandersetzung mit Ihrem Expartner und um Aufarbeitung der Exbeziehung. Es geht darum, dass Sie Mitgefühl mit sich haben und wertschätzen, wie sehr Sie sich bemüht haben, das Beste zu tun. Nehmen Sie die neue Situation als Chance, sich zu verzeihen, wenn Sie es damals vielleicht nicht geschafft haben.

WAS SIE TUN KÖNNEN

Versöhnen Sie sich mit sich

Andreas bat um eine Einzelsitzung, um sich den Umgang mit dieser Baustelle noch einmal bewusst zu machen: Er war nun seit 23 Jahren von Sybille getrennt. Sie hatte ihn betrogen und es gab Streit und Lügen, auch gegenüber den Kindern. Andreas erzählte, wie er damals versucht hatte, das Beste für die Kinder zu tun. Er fühlte sich ungerecht behandelt. Er hatte sich so angestrengt, Sybille von sich und seinem Wohlwollen zu überzeugen. Es war ihm nicht gelungen. Damals spürte er nur Wut, stritt mit ihr und zog sogar die Hilfe von Rechtsanwälten heran. Er wollte, dass Sybille ihn verstand und ihm recht gab. Aber er konnte sich nicht verständlich machen. Er war so hilflos, fühlte sich allein und verzweifelt. In der Einzelsitzung war nun Raum für die Trauer. Ihm kamen die Tränen und er fand es traurig, dass er es nicht geschafft hatte, seine Kinder vor dieser schlimmen Trennung zu bewahren. Und er spürte, wie sehr er sich selbst damals alleingelassen und nur noch – von Wut gesteuert – Sybille im Blick hatte.

Die Kränkungen und Konflikte sind lange her und trotzdem merken Sie an Ihrer emotionalen Reaktion auf diese alten Themen, dass es noch Reste gibt, die Sie mit sich durchs Leben tragen. Diese Reste sind wie eine Narbe, die manchmal noch schmerzt. Doch nun haben Sie viel mehr Lebenserfahrung und damit eine ganz andere Grundlage, mit dieser neuen alten Situation umzugehen.

- » **Haben Sie Mitgefühl mit sich:** Nochmals der Traurigkeit von damals nachzuspüren hilft Ihnen, einen produktiven Ansatzpunkt für die Versöhnung zu finden. Früher waren Ärger, Wut oder auch vielleicht die moralische Überlegenheit so übermächtig, dass Sie alle Schuld dem anderen gaben. In die anstrengenden Auseinandersetzungen floss viel Energie. Sie kämpften darum, dass Ihr Gegenüber sich um Ihren verletzten Kind-Ich-Anteil kümmern sollte – ohne Erfolg.
- » **Entlassen Sie andere aus der Verantwortung für sich:** Akzeptieren Sie das Geschehene und entlassen Sie Ihren Expartner aus der Verantwortung. Sie haben damals versucht, das Beste zu tun, was Sie tun konnten. Geben Sie sich dafür Anerkennung und Wertschätzung. Und kümmern Sie sich nun selbst um Ihre Verletzung, Ihren Schmerz und die alte Trauer.
- » **Betrachten Sie sich liebevoll:** Aktivieren Sie Ihre fürsorgliche Eltern-Instanz und blicken Sie auf sich, wie Sie vielleicht ein kleines Kind betrachten würden, das sich nach bestem Wissen und Gewissen anstrengt und es gut machen will und es einfach nicht schafft. Trösten Sie sich und nehmen Sie sich liebevoll in die Arme.
- » **Rücken Sie diese Erfahrung und den Lebensabschnitt mit Ihrem Expartner an einen stimmigen Platz:** Diese Zeit gehört zu Ihnen und darf sein. Suchen Sie für Ihre Exbeziehung in Ihrem Seelengefüge einen Platz, an dem sie gut sein kann, ohne dass sie

Sie stört. Sie muss nicht nah und direkt greifbar sein. Sie braucht nur einen Platz weit hinten und einen Zugang, sodass Sie sie erreichen können, wenn Sie möchten.

- » **Seien Sie dankbar:** Akzeptieren Sie Ihre Exbeziehung als einen Schritt, den Sie brauchten, um nun an der Stelle zu sein, an der Sie mit Ihrer neuen Liebe sind. Freuen Sie sich, dass es so gekommen ist, und feiern Sie Ihre Liebe.

Andreas nahm sich vor, die Baustelle »Sybille« zu bearbeiten. Er machte Termine dafür: Mal ging er spazieren und dachte an die Zeit mit ihr, mal las er in seinem alten Tagebuch und zweimal kam er in die Praxis. Er fand es interessant, diese Situation nun mit seinen heutigen Augen zu betrachten. Gleichzeitig kam ihm Sybille nicht mehr so böse und hinterlistig vor. Sie war ihm vielmehr egal. Es war, als hätte er durch die intensive Beschäftigung mit dem Vergangenen seine Energie aus dieser Baustelle gezogen. Nach diesen WORK-Sessions konnte er zu Gitte gehen und war froh und dankbar, nun bei Gitte zu sein. Gitte fand es bereichernd, Andreas' Sicht auf die alte Situation zu hören. Gleichzeitig empfand sie ihn als weicher und offener für ihre Belange. Als ob dadurch ihre Liebe klarer und stärker würde.

Wandel der Liebe

Sie und Ihre Liebe haben sich, seit Sie die neue Paarbeziehung eingegangen sind, verändert und entwickelt und werden es auch weiterhin tun. In Ihrer Beziehung haben Sie erfahren, dass die Liebe viele Qualitäten hat und immer wieder einen anderen Ausdruck findet. Zu Beginn haben Sie Ihre losgelöste Einheit im siebten

Himmel genossen und viel Energie aufgebracht, sich mit Ihrem Partner mitzubewegen, um diese innige Einheit nicht verlassen zu müssen. Ihre Verbundenheit zeigte sich dann in einem tatkräftigen Tun und Mitanpacken als gut eingespieltes und funktionierendes Baumeisterteam. Sie kamen bestimmt das ein oder andere Mal an Ihre Grenzen und spürten ebenso, wie Ihr Partner überfordert war. Und konnten sich durch und mit Ihrer Liebe gegenseitig Halt geben oder sich beim jeweils anderen anlehnen. Sie haben erfahren, dass Sie für Ihre eigenen Bedürfnisse eintreten können, auch wenn sie sich von denen Ihres Partners unterscheiden, und dass Ihre Beziehung das durch die sichere Basis Ihrer Liebe nicht nur aushält, sondern dadurch sogar stärker wird. Ihr WIR besteht aus diesen einzigartigen ICHs mit all seinen Eigenheiten, Liebenswürdigkeiten und Macken. Und die Erfahrung, auch in schwierigen und herausfordernden Situationen gemeinsam nach einem Weg gesucht und dabei auf jeden noch so kleinen Teil von Ihnen und Ihrer Liebe geachtet zu haben, kann Ihnen nun Sicherheit auch für die Zukunft geben. Wandlungen werden weiterhin kommen und Sie sind sehr gut vorbereitet. Sie haben die Patchworkherausforderung bis hierhin bewältigt und sich dadurch gut und sicher aufgestellt.

Ihre selbstbewusste PATCH- und WORK-Haltung

In den vorherigen Phasen war es wichtig, sich auf die Situation im Hier und Jetzt zu fokussieren. Es war von großer Bedeutung, die Befindlichkeiten und Perspektiven zu sortieren, voneinander zu trennen und mit sehr viel Achtsamkeit in sich hineinzuspüren, Ihrer eigenen Wahrnehmung zu trauen und diese auszudrücken.

In dieser Phase hingegen sollten Sie mehr abstrahieren und verallgemeinern. Ihre vielfältigen Erfahrungen und Erkenntnisse aus dem bisher Erlebten haben Sie intuitiv als eine innere Haltung abgespeichert. Sie haben eine Haltung zu Ihrer Liebe, Ihrer Beziehung und Ihrer Familie entwickelt, mit der Sie auf unterschiedlichste Fragen und Situationen immer wieder neue Antworten finden und Entscheidungen treffen können. Holen Sie sich diese Antworten ins Bewusstsein und formulieren Sie Ihre individuellen Lebensweisheiten. So können Sie sie bei Unsicherheiten – nicht nur bezogen auf Patchwork – leicht zurate ziehen und auch an Ratsuchende aus Ihrem nahen Umfeld weitergeben.

Seien Sie sicher, Patchwork bleibt. So wie Sie immer Eltern bleiben werden. Vertrauen Sie auf Ihre Liebe! Und auf Ihre PATCH- und WORK-Strategien. Kehren Sie immer wieder in Ihren PATCH-Auszeiten zu Ihren Anfängen – Ihrer Verliebtheit – zurück und erinnern Sie sich bei Fragen und Unsicherheiten an Ihre WORK-Rituale! So bleibt Ihre Beziehung lebendig und stark.

Nachwort – Für Ihre glückliche unendliche Geschichte

Gerne möchte ich Ihnen abschließend vier Leitlinien meiner Beratungshaltung mitgeben. Vielleicht lassen Sie sich inspirieren für eigene Formeln, die Sie in Ihre Patchworkbeziehung übernehmen. Vielleicht erkennen Sie auch, dass diese Leitlinien schon längst auch Ihre sind: Sie haben sich an verschiedenen Stellen dieses Buches bereits ausführlich mit ihnen befasst.

Leitlinien – kurz und bündig

Selbstfürsorge statt Stiefmütterlichkeit

Grundlage für die Nächstenliebe ist die Selbstliebe.[10] Die Liebe in einer Paarbeziehung kann dann frei fließen, wenn jedes ICH seine Bedürfnisse kennt, sie respektiert und die Verantwortung für diese übernimmt. Daher liegt der Fokus in meinen Beratungen auf der Stärkung und Unterstützung der Selbstfürsorge. Das entlastet zum einen die Liebesbasis und erfüllt sie andererseits mit Liebesenergie, die das Paar zum gemeinsamen Wachstum und zur Entfaltung inspiriert und ermutigt.

Wenn die Liebenden jedoch verstrickt in ihren (unbewussten) Mustern sind – *Wenn du etwas für mich tust, dann tu ich etwas für dich* –, dann ist die Gefahr groß, dass sie sich gegenseitig begrenzen und die Sehnsucht nach Liebe ausgenutzt wird. Dann herrschen »stiefmütterliche Verhältnisse« und Bedingungen werden aufgestellt, die die Verstrickungen immer enger werden lassen. Selbstfürsorge befreit und hilft, die Liebe zu entfalten. Es liegt in der Verantwortung beider Liebenden, gut für sich selbst zu sorgen.

Perspektivwechsel als Bereicherung und Grundlage für einen gelungenen Lösungsweg

Je mehr Berechtigung beide Liebenden für die eigene, ganz individuelle Sichtweise, die eigene Wahrnehmung und den eigenen Standpunkt erfahren, umso mehr Erlaubnis können beide auch ihrer oder ihrem Liebsten für eine andere Sichtweise geben. Für mich ist es selbstverständlich, dass es zu einer Frage oder einer Angelegenheit Meinungsverschiedenheiten, unterschiedliche Wahrnehmungen und – oftmals widersprüchliche – Gefühlszustände gibt. Alle sind wertvoll, wollen gesehen und verstanden werden. Es gibt nicht *die* Wahrheit, es gibt kein Richtig und kein Falsch. In den Beratungen schaffe ich Raum und halte ihn offen für alle Sichtweisen und die entsprechenden seelischen Befindlichkeiten. Die so entstehende Fülle an Weisheit schafft eine oft erstaunliche Paarintelligenz, die für Zusammenhalt, Fürsorge und Leichtigkeit im seelischen Prozess der Paarbeziehung sorgt. Darauf vertraue ich.

Durch dieselbe offene Haltung kann auch im gesamten Familienkontext eine Familienintelligenz entstehen, die alle Patchworkbeteiligten trägt.

Auseinandersetzung wagen statt Trennung riskieren

Eine Auseinandersetzung empfinden viele Paare als destruktiven Prozess, der viel Leid und Verletzungen verursacht. Viele setzen eine Auseinandersetzung mit dem ersten Schritt zur Trennung gleich und nehmen sie damit als Vorstufe zur (bereits erlebten) Katastrophe wahr. Deshalb neigen gerade Patchworkpaare dazu, um jeden Preis Streit zu vermeiden. Vieles wird totgeschwiegen, damit die neue Beziehung bloß keinen Schaden nimmt. Doch auf Dauer führt diese ängstliche Haltung genau in die Situation, die befürchtet wird: Ein Konflikt bricht auf, dann mit vielleicht erheblicher Wucht, die unaufhaltsam in die Trennung führt.

Ich verstehe Auseinandersetzung als einen konstruktiven und wertschätzenden Prozess zur Stärkung der Liebe und zur Trennungsprävention. In der Beratung wird mit der wohlwollenden Energie der Liebesbasis des neuen Paares der Beziehungsrahmen gesichert (PATCH). Dann können beide in einen respektvollen Prozess der Auseinandersetzung und des Kennenlernens einsteigen (WORK). Mein Ziel ist es, Rüstzeug zu vermitteln, mit dem einerseits die Liebe gesichert werden und andererseits eine intensive Auseinandersetzung stattfinden kann, die zur Vertiefung der Liebe führt. Dabei werden die Trennungsprinzipien produktiv eingesetzt: Trennen von Erfahrungen und Wahrnehmungen, Sortieren von Baustellen und Verantwortungsbereichen, Differenzieren von Situationen und Kontexten und Abgrenzen von Maßstäben anderer. Wer langfristig in Liebe zusammenbleiben will, braucht die Fähigkeit, sich wertschätzend auseinanderzusetzen. Dieses scheinbare Paradox schafft Nähe, Vertrauen und Verbindlichkeit und bildet damit eine gute Grundlage für eine lebenslange Liebesbeziehung.

Harmonie bedeutet, dass alles seinen Platz hat

Für viele ist Harmonie ein Zustand, bei dem alle einer Meinung sind. Da das meist nicht möglich ist, wird Harmonie oftmals als etwas erlebt, was »um des lieben Frieden willens« hergestellt werden muss. Damit die Stimmung gut bleibt, fügt man sich und zwängt sich in das gewünschte Korsett.

Meine Auffassung von Paarharmonie ist, dass es genug Platz gibt für Ambivalenzen, Widerstände und unterschiedliche Standpunkte. Alles darf sein und es wird für alles einen Platz gesucht. Dasselbe gilt für die Familienharmonie.

In den Paar- und Familienberatungen lasse ich mich dabei von Widerständen führen: Scheinbar nicht Passendes ist herzlich willkommen und wird in den Mittelpunkt gerückt. Dies führt zu spannenden Prozessen, in denen Ansprüche, Glaubenssätze, Erwartungen und Maßstäbe auf den Prüfstand gestellt werden. So wird Platz und Freiraum geschaffen. Die Verwandlung einer rigiden Entweder-oder-Haltung in eine großzügige, wohlwollende Offenheit ist befreiend und beflügelt die Liebe.

In diesem Sinne wünsche ich Ihnen von Herzen eine glückliche Zukunft. Vertrauen Sie auf Ihre Liebe und Ihr gemeinsames PATCH und WORK!

Weiterführende Informationen

Empfehlenswerte Literatur

Bucay, Jorge: »Liebe mit offenen Augen«. Fischer 2010.

Dehner, Renate und Ulrich: »Schluss mit diesen Spielchen!«. Campus 2007.

Grünewald, Katharina: »Glückliche Stiefmutter. Gut zusammenleben in Patchworkfamilien«. Herder 2018.

Grünewald, Katharina: »Herzzeit«. Lübbe 2019.

Juul, Jesper: »Aus Stiefeltern werden Bonuseltern«. Beltz 2015.

Juul, Jesper: »Liebende bleiben«. Beltz 2017.

Voelchert, Mathias: »Liebevolle elterliche Führung«. Beltz 2017.

Empfehlenswerte Quizboxen

Filker, Claudia; Schott, Hanna: »Talk-Box Vol. 2 – Für Paare«. Neukirchener Verlag 2019 (9. Edition).

»Vertellis Familien Edition – Eltern & Kinder«.

Vliet, Elma van: »Erzähl mal! Das Familienquiz«. Elma van Vliet; 11. Edition 2014.

Hilfreiche Adressen

Familienberatungsstellen der Städte und der Kirchen bieten kostenlose Beratungen auch für Patchworkfamilien an. Nutzen Sie dieses Angebot! Sie finden geschulte BeraterInnen nach PLZ geordnet auf der Seite www.familylab.de. Diese können Ihnen vor Ort kompetente Ansprechpartner nennen.

Gerne lade ich Sie ein, mir Ihre Erfahrungen mit den Impulsen in diesem Buch mitzuteilen. Vielleicht haben Sie auch Lust, mir Ihre eigenen Übungen, Gedanken und Maßnahmen zu schildern, die Ihnen in schwierigen Situationen geholfen haben? So können vielleicht auch andere davon profitieren. Über meine Homepage oder per E-Mail können Sie gerne Kontakt mit mir aufnehmen:
www.patchworkfamilien.com; beratung@patchworkfamilien.com.

Dank

Ich danke meinem Mann, Stephan Grünewald, mit dem ich alle Patchworkphasen erlebt habe – und tagtäglich neu erfahre, wie Liebe sich neu gestalten kann und muss. Er stand mir im gesamten Buchprozess als liebevoller Sparringspartner zur Seite und hat mir mit seinem psychologischen Sachverstand, humorvollem Wortwitz und sicherem Strukturgefühl sehr geholfen. Auch danke ich ihm und meinen Kindern für die Unterstützung, die Geduld und Rückendeckung während der ganzen Zeit.

Meiner Freundin Ina Genenger, der ersten Leserin aus der Zielgruppe, danke ich für wichtige Hinweise und wertvolles Feedback. Es war oft meine Rettung, mit ihr durch den Stadtwald zu laufen und meine Buchverstrickungen entwirren zu können.

Ich danke meiner Agentin und Coachin Imke Rötger für die tolle und effektive Zusammenarbeit. Wie schon bei meinen anderen Buchprojekten konnte ich mich auf ihren professionellen Rat hinsichtlich des Schreibens und der inhaltlichen Ausrichtung voll und ganz verlassen. Ich schätze ihre empathische und respektvolle Führung sehr und genieße den Austausch mit ihr. Ohne sie wäre das Buch nicht entstanden.

Für eine gute Betreuung, viele hilfreiche Anregungen und inspirierenden Austausch danke ich Bettina Brinkmann und Dorothea Bühler vom Beltz Verlag.

Für konstruktive Kritik und Anregungen danke ich auch Lilli Heimes, meiner Nichte und Praxisassistentin.

Vor allen Dingen und ganz besonders möchte ich allen Patchworkpaaren danken, die ich in meiner Praxis begleiten durfte. Ich weiß es sehr zu schätzen, dass sie mich ins Vertrauen gezogen haben. Ihre Geschichten haben mich zu den Beispielen im Buch inspiriert und dieses Buch überhaupt erst möglich gemacht.

Anmerkungen

1 Ausschließlich aufgrund der besseren Lesbarkeit verzichte ich in diesem Buch überwiegend auf die gleichzeitige Nennung des männlichen und weiblichen Geschlechts. Es sind immer beide Geschlechter gemeint.

2 Zwei typische Stiefmütterfallen, in die Stiefmütter immer wieder innerhalb der Patchworkkonstruktion hineingeraten, sind die Mutter- und die Prinzessinnenfalle. Sie sind hier nachzulesen: Grünewald, Katharina: »Glückliche Stiefmutter«. Herder 2018, Seite 16 ff.

3 Die Unterscheidung in Anteile einer Persönlichkeit erklärt Eric Berne in der Transaktionsanalyse. Es ist ein Modell, mit dem TherapeutInnen Verhalten, Denken und Fühlen eines Menschen beschreiben, erklären und verstehen wollen. Einen guten Einstieg in die Transaktionsanalyse bietet beispielsweise das Büchlein von Ute Hagehülsmann: »Transaktionsanalyse – Wie geht denn das?« Junfermann 2012 (6. Auflage).

4 Eine weiterführende Beschäftigung mit den Märchen bietet Professor Wilhelm Salber in seiner Märchenanalyse: Salber, Wilhelm: »Märchenanalyse«. Bouvier Verlag 2018 (3. Auflage). Ebenso beschreibt Gloria Becker die psychologische Konstruktion einiger Märchen in ihren Büchern »Kontrolle und Macht«, Edition Tag & Traum; 3. überarbeitete Edition 2016 und »Liebe und Verrat«, Edition Tag & Traum; 2. Edition 2015.

5 Eine ausführliche Beschreibung des Paarspaziergangs befindet sich in meinem Buch über die Mutter in der Patchworkfamilie: Grünewald, Katharina: »Glückliche Stiefmutter«. Herder 2018, Seite 168 ff.

6 Die Auseinandersetzung mit der individuellen Eltern-Kind-Beziehung kann Bestandteil eines therapeutischen Prozesses sein, muss aber in einer Beratung nicht unbedingt im Vordergrund stehen. Es geht hier vor allen Dingen

nicht um eine Schuldzuweisung (»Meine Eltern sind schuld«), sondern darum zu verstehen, wie Sie als Kind die frühere Situation wahrgenommen, verstanden und verarbeitet haben.

7 Ein ausführliches Arbeitsbuch mit Anleitung und Begleitung für diese Fragen gibt es hier: Schwarz, Christine: »ICH+ICH=WIR«. Ein guter Verlag 2016.

8 Ausführlich habe ich die Beziehung zwischen Kindern und ihren Stiefeltern, insbesondere der Stiefmutter, hier beschrieben: Grünewald, Katharina: »Glückliche Stiefmutter«. Herder 2018.

9 Empfehlenswerte Quizboxen finden Sie auf Seite 217.

10 Zur Selbstliebe habe ich ebenfalls ein Buch geschrieben. Es enthält kurze Impulse und Übungen für jeden Tag. Grünewald, Katharina: »Herzzeit«. Lübbe 2019.

Drandenken ist auch ein To-do!

Ob sie wollen oder nicht: Immer noch erledigen Mütter einen Großteil der Familienarbeit, haben jedes noch so kleine To-do von Kindern und Partner im Kopf. Mental Load ist das Wort für die Last im Kopf, die Frauen grenzenlos stresst. Patricia Cammarata zeigt konkrete, erprobte Wege, um die Arbeits- und Verantwortungslast so aufzuteilen, dass es für die eigene Familie passt. Ein Buch für Mütter und Väter, die endlich gleichberechtigt leben wollen!

»Jedes Mal, wenn der Mann und ich Aufgaben neu verhandeln oder auch gemeinsam erledigen, denke ich: ›Patricia wäre stolz auf uns!‹ Ich werde dieses Buch allen werdenden Familien und vor allem den Vätern schenken, denn es ist nachhaltiger und macht glücklicher als das zwanzigste ungeliebte Lappentier im Kinderzimmer.«
Ninia »LaGrande« Binias, Autorin und Moderatorin

Patricia Cammarata
Raus aus der Mental Load-Falle
Wie gerechte Arbeitsteilung in der Familie gelingt
Mit Illustrationen von Teresa Holtmann
Klappenbroschur, 224 Seiten
ISBN 978-3-407-86632-5

www.beltz.de BELTZ

Empathie macht Familie stark!

Familienleben ist kein Ponyhof! Oft sind Eltern gestresst und Kinder ebenso. Was können wir dagegen tun? Für Mona Kino ist klar: Innere Balance und ein gutes Miteinander entstehen aus Empathie für sich und für andere. Die gute Nachricht: Empathie kann man fördern. Viele Übungen für Resilienz, Achtsamkeit und Lebensfreude tragen dazu bei, individuelle Lösungen zu finden. Denn nur wer auf die eigenen Bedürfnisse achtet, kann offen für andere sein.

Mona Kino lädt ihre Leser_innen ein, die fünf angeborenen Zugänge zu sich selbst zu entdecken: den Körper, die Atmung, das Herz, die Kreativität und das Bewusstsein. Die Übungen wurden von Mona Kino zusammen mit dem bekannten Familientherapeuten Jesper Juul, dem Schriftsteller und Lehrer Peter Høeg und Wissenschaftler_innen entwickelt und sind leicht anzuwenden: zuhause vor dem Schlafengehen, an der Ampel, in fünf Minuten unter dem Baum im Park. Empathie macht Familie stark!

Mona Kino
Zeit für Empathie
Fünf Wege zu innerer Balance und einem gelassenen Miteinander in der Familie.
Klappenbroschur, 283 Seiten
ISBN 978-3-407-86590-8

www.beltz.de BELTZ